篠原一 東大名誉教授「市民の政治学」その後

幸福実現党の時代は来るか

大川隆法
Ryuho Okawa

まえがき

恩師というのは有難い存在だ。宗教家になってからの私の活動もじっと見守って下さっていたのだろう。

学生時代の私は、「国際政治」や「政治思想」に興味を感じながらも、結論としては、「政治理論家」のようなものを目指していたのだと思う。

篠原教授の学説にも厳しい批判をポンポンと投げかけていた私に、「ヨーロッパ政治史」の試験にも、ゼミの評価にも「優」(当時の東大法学部の評価では、一般大学の「優」より上の「秀」あるいは「SA」にあたる「九十点以上」)をキチッとつけて下さった。「彼は他の科目はちゃんと勉強しているんですかねえ。」

と時々は友人たちに聞いて下さって心配しておられたようだ。まことに不肖《ふしょう》の教え子ではあったが、日本の政治、世界の政治に影響を与え始めているという点では、ご恩返しはしているつもりだ。

私は、マルクスが哲学で世界の政治の半分を変えたことを、逆のベクトルでやってのけたかった。随分《ずいぶん》と迂回《うかい》したが、一政治学徒としての人類への遺産も遺《のこ》したいと願っている。

二〇一三年　六月二十六日

幸福実現党総裁《こうふくじつげんとうそうさい》　大川隆法《おおかわりゅうほう》

篠原一東大名誉教授「市民の政治学」その後　目次

篠原《しのはら》一《はじめ》東大名誉《めいよ》教授「市民の政治学」その後

――幸福実現党の時代は来るか――

二〇一三年六月十三日　篠原一守護霊《しゅごれい》の霊示《れいじ》

東京都・幸福の科学総合本部にて

2 「篠原ゼミ」時代のエピソード　26

「霊言現象《れいげん》」とは、あの世の霊存在の言葉を語り下ろす現象のことをいう。これは高度な悟《さと》りを開いた者に特有のものであり、「霊媒現象《れいばい》」（トランス状態になって意識を失い、霊が一方的にしゃべる現象）とは異なる。外国人霊の霊言の場合には、霊言現象を行う者の言語中枢《ちゅうすう》から、必要な言葉を選び出し、日本語で語ることも可能である。

また、人間の魂《たましい》は原則として六人のグループからなり、あの世に残っている「魂の兄弟」の一人が守護霊《しゅごれい》を務めている。つまり、守護霊は、実は自分自身の魂の一部である。したがって、「守護霊の霊言」とは、いわば本人の潜在《せんざい》意識にアクセスしたものであり、その内容は、その人が潜在意識で考えていること（本心）と考えてよい。

なお、「霊言」は、あくまでも霊人の意見であり、幸福の科学グループとしての見解と矛盾《むじゅん》する内容を含《ふく》む場合がある点、付記しておきたい。

篠原《しの》原《はら》一《はじめ》東大名誉《めいよ》教授「市民の政治学」その後

――幸福実現党の時代は来るか――

二〇一三年六月十三日　篠原一守護霊《しゅごれい》の霊示《れいじ》

東京都・幸福の科学総合本部にて

篠原一《しのはらはじめ》（一九二五〜）

政治学者、東京大学名誉《めいよ》教授。東京生まれ。東京大学法学部政治学科卒（一九五〇年）。一九六三年、東京大学法学部教授に就任、一九八六年の退官後には成蹊《せいけい》大学法学部教授を務めた。四十代でガンに罹《かか》るが、丸山《まるやま》ワクチンによって延命したため、丸山ワクチンの認可運動に力を注いでいる。また、「区長準公選要求運動」などの市民運動にもかかわった。著書に『連合時代の政治理論』『ヨーロッパの政治』『市民の政治学』等がある。

質問者　※質問順

立木秀学《ついきしゅうがく》（幸福の科学理事　兼《けん》HS政経塾塾《じゅく》長）

綾織次郎《あやおりじろう》（幸福の科学上級理事　兼「ザ・リバティ」編集長）

［役職は収録時点のもの］

1　政治学者・篠原一《しのはらはじめ》教授の守護霊《しゅごれい》にアドバイスを頂く

突然《とつぜん》訪ねてきた、篠原一《しのはらはじめ》東大名誉《めいよ》教授の守護霊《しゅごれい》

大川隆法　また突然《とつぜん》の収録で、たいへん恐縮《きょうしゅく》しています。

今日、お昼の十二時ぐらいから、篠原一《しのはらはじめ》東大名誉《めいよ》教授の守護霊《しゅごれい》が、「意見を言いたい」ということで、私のところに来始めています。

篠原教授は、私が大学時代に所属していたゼミの教授であり、私の著書では、いろいろなところでチラチラと出てきている方なので、さまざまな情報が、あちらにも回っているのではないかと思っています（『この国を守り抜け』〔幸福実現党刊〕、『朝日新聞はまだ反日か』〔幸福の科学出版刊〕等参照）。

最近、東大教授を務めた人たちの霊言《れいげん》も出始めたので（注。坂本義和《さかもとよしかず》氏守護霊や故・芦部信喜《あしべのぶよし》氏、故・佐藤誠三郎《さとうせいざぶろう》氏の霊言が収録されている。『従軍慰安婦《じゅうぐんいあんふ》問題と南京大虐殺《ナンキンだいぎゃくさつ》は本当か？』『スピリチュアル政治学要論』〔共に幸福の科学出版刊〕、『憲法改正への異次元発想』〔幸福実現党刊〕参照）、若干《じゃっかん》、刺激《しげき》されているのかと思いますし、今は戦後の非常に大きなターニングポイントでもあるので、政治学者としても気になるのでしょう。

私は、大学時代に、本郷《ほんごう》（専門学部）では、この篠原教授の国際政治のゼミに参加していました。

篠原ゼミからは、けっこう人材が出ているのですが、有名なのは舛添要一《ますぞえよういち》さんと大川隆法の二人です。ほかにも大学教授などがいろいろといますが、大して有名ではありません。

二人のうち、舛添さんのほうは党（新党改革）をたたみそうですし、こちらのほうは、党（幸福実現党）が国会で一定の勢力を得られるかどうか、ちょっと怪《あや》しいあたりなので、篠原教授は気にしておられるのかもしれません。

幸福実現党を応援《おうえん》してくださるかもしれませんが、逆に、「おまえ（大川隆法）の政治学的認識は間違《まちが》っておる」とお叱《しか》りを受けるかもしれません。「勉強が足りていない」と言われるかもしれないのです。

篠原教授の同僚《どうりょう》だった坂本義和さん（守護霊）から、私は大いに嫌《きら》われているのですが、篠原教授がどうなのか、分かりません。

ただ、先ほど述べたように、篠原教授は私の著書に何度か登場しているので、私と関係があったことは知られていますし、彼の教え子で大学に残っている人もいるので、当会に関する情報は篠原教授の耳にも入っていると思われます。

今日は、実は、ＴＯＥＩＣ《トーイック》８００点突破《とっぱ》のための英単語集の原稿《げんこう》ができてきたので、単語のチェックをし、赤字を入れていました。それを朝から三時間半も行い、少しくたびれたころに、篠原教授の守護霊がやって来られたのです。

このあと、篠原教授の守護霊の霊言を収録するつもりですが、先日のようなことがあってはいけないと思い、今日は用心しています（注。中曽根康弘《なかそねやすひろ》元首相の守護霊霊言を収録しようとしたとき、故・筑紫哲也《ちくしてつや》氏の霊が割り込《こ》んできた。『筑紫哲也の大回心《だいかいしん》』〔幸福実現党刊〕参照）。

実は、霊言の収録を予定している霊人《れいじん》がもう一人いるのですが（注。大平正芳《おおひらまさよし》元首相の霊。この収録の翌日、大平元首相の霊言を収録した。『大平正芳の大復活』〔幸福実現党刊〕参照）、この方は、ゆっくりとした人であり、動きが遅《おそ》いので、それほど簡単には私の体に入らないのではないかと思います。逆襲《ぎゃくしゅう》してスッと入ったりはできないと思われるので、突然来た篠原教授の守護霊のほうが出てきやすいのではないでしょうか。

当会の霊言は、霊たちの間で人気が出てきたらしく、人々に一言《ひとこと》言いたくなってきているようです。「ほかに〝出口〟はないのか」と思うのですが、やはり、ないのでしょう。そのため、私のところに来て、一言言いたいのだと思います。

篠原教授は国際政治や政治学全般《ぜんぱん》を教えていた

大川隆法　私は、学生時代に、駒場《こまば》（教養学部）のほうで、篠原教授の「ヨーロッパの政治」の授業を通年講義で受けました。当時、その内容は、まだ本になっていなかったのですが、私が卒業した数年後にテキストになり、『ヨーロッパの政治』という書名で出ています。

篠原教授は国際政治や政治学全般《ぜんぱん》を教えている方でした。

彼は本郷では国際政治のゼミを担当していましたが、そのゼミに参加する条件は、「春休みに何らかの論文を書いて提出する」というものだったので、私は、大学三年生になる前の春休みに論文を書いて出しました。

これについては私の著書にも書いてありますが（『太陽の法』『政治の理想について』〔共に幸福の科学出版刊〕参照）、まことに恐縮なことに、国際政治のゼミに出るのに政治思想史の論文を書いて出してしまいました。

そのため、篠原教授には私の論文の内容がチンプンカンプンだったようです。あまりの難しさに、「これは、いったい何が言いたかったのか」と訊《き》かれたぐらいです。ジャンルが違うので、申し訳ないことであったと思います。

ゼミに入る条件が論文提出なのは篠原ゼミだけであり、私は政治思想史の論文を書いて判定を受けたかったので、その論文を篠原教授に提出してしまいました。その意味では、少し違うところに入ってしまったのかもしれません。

私は、駒場では、谷嶋喬四郎《やじまきょうしろう》という、社会思想史の先生のゼミに所属し、ヘーゲルの政治哲学を学んでいました。谷嶋先生は、法学部の先生ではなく、おそらく文学部系の先生だったと思います。

大学時代に私が所属したゼミは、ヘーゲルの政治哲学のゼミと国際政治のゼミです。後者は、ヨーロッパの政治、特にヨーロッパの政党政治に関するゼミでした。したがって、専門としては、そのあたりが最も強いことになると思います。

私は、本郷に行ってからは、この篠原教授の指導を受けました。

私と一緒《いっしょ》に篠原ゼミに出ていた人の数は、それほど多くなく、十数人ぐらいだったでしょうが、そのなかには、一九九一年以降、私が有名になると、マスコミの取材を受けた人もいます。

その人は、私について、「ああ、あいつか。いつも教授の横に座《すわ》り、大きな顔をして何か言っていた、あいつだろう」というようなことを言ったらしく、そういうことが記事に書かれていたことを覚えていますが、「そうだっただろう」と私は推定します。

ゼミのコンパのようなものがあったときには、ほとんど私の〝独演会〟になりました。たいへん恐縮ながら、最初から最後まで私一人が話しているような状況《じょうきょう》でした。講義をしていたのか、雑談をしていたのか、覚えてはいませんが、ほとんど一人で話していたのです。

篠原教授が、「社会に出たら、こういう人が出世するのだ」と言ってくれたのを覚えていますが、実は私の性格は嫌われました。私は教祖タイプだったのです。

連合政権を研究し、市民運動家でもあった篠原教授

大川隆法　私の学生時代に、篠原教授は『連合時代の政治理論』という本を出しています。この本は、けっこう有名になりました。

それまで自民党の単独政権が長く続いていましたが、その維持《いじ》が危なくなり、ほかの政党との連立の可能性が生じてきていました。ただ、一般的には、「連合政権だと、政権が不安定になる」という意見のほうが強かったのですが、篠原

教授は、「ヨーロッパの連合政権が、どのくらい続いたか」ということを研究し、「必ずしも連合政権が短いとは限らない」ということを実証したのです。

実際、自民党は、その後《ご》、公明党などと連立したりしているので、「篠原教授の言ったとおりになったかもしれない」と思います。

また、篠原教授は市民運動家としても活動し、『市民の政治学』などの著書も出しています。

彼は四十代でガンに罹《かか》ったのですが、厚生省（現・厚生労働省）が認可していない、「丸山《まるやま》ワクチン」という薬で民間治療《ちりょう》を行い、たまたまかどうか知りませんが、助かったようです。そのため、丸山ワクチンの認可を求める運動をしています。

おそらく、その運動に、厚生省系に強かった菅直人《かんなおと》氏が食い込んできたのではないでしょうか。そういうことを篠原教授が言っておられたのを覚えています。

日本の現状などについて、篠原教授が、今、どのように思っておられるか、存じ上げないのですが、病弱だったのに、現在、八十七歳《さい》であり、まだ元気でおられるそうなので、驚《おどろ》きを隠《かく》せません。人生、なかなか分からないものです。

少なくとも三十数年、ご無沙汰《ぶさた》をしているため、今の篠原教授がどういう状態なのか、私は知りません。私は、やや付き合いが悪いほうで、かつての先生のところへ一生懸命《いっしょうけんめい》に挨拶《あいさつ》に行くほど、まめではありません。学校を卒業したあと、二度と行っていないので、たいへん恐縮しています。

篠原教授は、私の著書のいろいろなところで自分の名前が出てくるので、気にはしていたのではないかと思っています。

今日は、篠原教授の守護霊から、幸福実現党が政党として活躍《かつやく》できるようなアドバイスを、何か頂けるでしょうか。あるいは、日本の政治についての分析《ぶんせき》を、何か示してくださるでしょうか。それとも、国際政治のあり方について、何か意見を言われるのでしょうか。

そのへんについては分かりませんが、わざわざ私のところにやって来られたので、とりあえず、何らかの使命感を感じておられるのではないかと思います。

立木さんは篠原教授を知りませんよね。もう東大を退官していましたからね。

立木　はい。私のときには、もう、いらっしゃいませんでした。私は別の方にヨーロッパの政治史を習いました。

大川隆法　名誉教授になっていましたよね。おそらく、そうだと思います。

私が大学三年になるとき、篠原教授の紹介《しょうかい》で勉強の仕方を相談に行った人などが、授業をしていたのではないかと思います。

ただ、私の同級生がまだ教授で残ってはいるので、情報は、いろいろなかたちで篠原教授のところに行くのかもしれません。その意味では、怖《こわ》いですね。

篠原一東大名誉《めいよ》教授の守護霊を招霊《しょうれい》する

大川隆法　始めましょうか。違う方が邪魔《じゃま》に入らないようにお願いしたいと思っています（笑）。

（瞑目《めいもく》し、合掌《がっしょう》する）

それでは、昔、政治学をご指導いただきました、篠原一東大名誉《めいよ》教授の守護霊を、お呼び申し上げたいと思います。

篠原一先生、どうか、幸福の科学総合本部に降りたまいて、われらに、しかるべき方途《ほうと》をお示しください。われらに、政治活動のあり方や考え方について、アドバイスを下されば、心より幸いに存じます。
篠原一先生、どうぞ、われらをご指導ください。

(約二十秒間の沈黙《ちんもく》)

2 「篠原ゼミ」時代のエピソード

幸福実現党が成功するかどうか、気にする篠原一守護霊

篠原一守護霊　あ、ううーん。

立木　篠原先生の守護霊様でしょうか。

篠原一守護霊　うーん。ほかの先生をあまり呼んではいけないんじゃないかな。

立木　本日は、幸福の科学総合本部にお越《こ》しいただきまして、まことにありがと

うございます。

篠原一守護霊　私が先に出なければ……。やはり、順序というものがあるんじゃないかな。

立木　私は東大におりましたが、篠原先生から直接ご教示いただく機会はありませんでした。ただ、政治学を形成する上で非常に基本的な部分である、「ヨーロッパの政治」等を、先生のテキストを通じて学ばせていただきました。その意味での学恩があると思っております。まことにありがとうございます。

近年、日本の政治においては、「自民党から民主党へ、民主党からまた自民党へ」というかたちで、政権交代がありましたが、戦後、政治学を探究され、その大家《たいか》であった篠原先生の守護霊様は、現在の政治状況《じょうきょう》を、どのようにご覧になっているのでしょうか。

篠原一守護霊　危機的な状況かな。

立木　どういう意味で危機なのでしょうか。

篠原一守護霊　今は「戦後体制を見直すかどうか」の分岐《ぶんき》点だろう?

立木　はい。

篠原一守護霊　そして、その分岐点に、あなたがたが、かかわっている。私は、(政党を創立した)教え子を二人つくったけど、舛添《ますぞえ》君のほうは、そろそろ〝店じまい〟に入るとのことだから、あと、こちら(幸福実現党)が成功するかどうか、気にはしているんだよ。

立木　ありがとうございます。

篠原一守護霊　外からの応援《おうえん》を求めているようだけど、それだったら、私だって少しぐらい手伝えないことはないと思ってね。

立木　ありがとうございます。

篠原一守護霊　君らが心配している、マスコミの経営陣《じん》や〝グランド・マスター〟(田原総一朗《たはらそういちろう》氏)などは、ちょうど私らあたりの言うことを勉強した連中だから、私らを出してこなければいけないんじゃないかな。若い人を出しても、彼らは言うことをきかんだろう。

「大川総裁の考え」には、かなりの影響力《えいきょうりょく》が出てきている

立木　先ほど、戦後体制について、「危機」とおっしゃいましたが、篠原先生は、戦後体制を、現時点で、どのように評価なさっているのでしょうか。

篠原一守護霊　体制が変わる前に帰天《きてん》していれば、それで終わったんだろうけど、長生きをしてしまったので……。今、体制が大きく変わろうとしている。そうだねえ、二十一世紀を見ていない者にとっては、ちょっと想像できない世界に変わっていこうとしている感じかな。このような世界を見るとは、思ってもみなかったね。日本のあり方が、とっても大事になってきた。

だから、大川隆法君は……。いやいや、「君」と呼んではいけないんだ。何とお呼びすればいいいんだい？　わしが先生だからなあ、何と呼べばいいいんだ？

立木　私どもは「総裁」と呼ばせていただいております。

篠原一守護霊　ああ、総裁か。「大川総裁が、どう考えるか」ということには、かなりの影響力《えいきょうりょく》が出てきているからね。

朝日新聞は、「今までうまくいったやり方」を続けているだけ

篠原一守護霊　君らは、今、朝日系あたりを、いちおう仮想敵にして、攻撃《こうげき》を開始している。そのことは分かっているけども、朝日系を抑《おさ》えるんだったら、私らあたりを使わないといけないんじゃないかな。

綾織　攻撃しているのではなく、啓蒙《けいもう》というか、正しい主張をしているだけです。

篠原一守護霊　時代は変わったんだよ。彼らは、考え方が古く、「今までうまくいったやり方」を続けているだけなんだ。

綾織　篠原先生は、朝日新聞に最も影響を及《およ》ぼしていた学者の一人ですが……。

篠原一守護霊　私は、大川総裁から、「某《ぼう》教授に、『日銀と朝日新聞になら、入れてやれるよ』なんて言われた」という、変な紹介《しょうかい》のされ方をしてねえ（前掲《ぜんけい》『朝日新聞はまだ反日か』参照）。そう言ったのは確かだけども、かえって悪かったかなあ。

綾織　一般《いっぱん》的には、ありがたいお話だったかと思います。

篠原一守護霊　そんなに嫌《きら》われるとは……。あんな言い方をされるとは思わなかったなあ。

綾織　「朝日新聞の考え方が、やや古くなってきている」ということは、篠原先生の……。

篠原一守護霊　本郷《ほんごう》の政治学の教授は、代々、朝日の政治論壇《ろんだん》をいちおう引き継《つ》ぐことになっていて、それが師から弟子《でし》への禅譲《ぜんじょう》に当たる部分であったのでね。あとは、ときどき岩波《いわなみ》に書くことかな。それが、いちおう、「師が弟子に衣鉢《えはつ》を譲《ゆず》る」というスタイルではあったんだがな。

篠原教授は左翼《さよく》の唯物論者《ゆいぶつろんしゃ》ではなく、信仰心《しんこうしん》を持っている

立木　私どもは、「戦後の朝日・岩波の流れは、もう時代的な役割を終えており、戦後体制を一新しなくてはならない」と考えています。

象徴《しょうちょう》的に申し上げれば、「そろそろ憲法を改正しないと、日本の国自体が極《きわ》めて危険な状況に陥《おちい》る」と考え、改憲論を主導するかたちで頑張《がんば》っているのですが、この部分に関して、篠原先生のお考えは、いかがでしょうか。

篠原一守護霊　いやあ、私は別に唯物論者《ゆいぶつろんしゃ》じゃあないよ。基本的に、「唯物論の左翼《さよく》」というわけじゃないからね。宗教心というか、信仰心《しんこうしん》というか、そういうものは持っているよ。

私は、「市民」という言葉を使ったから、「左翼《さよく》」と言われるのかもしれないけど、統治機構、権力機構としての政治の力学を研究することだけを、政治学の使命や仕事だとは思っていない。

「個人個人が、どのようにして政治に参加し、国や地方自治体を動かしていくか」というのは非常に大事なことであり、これが民主主義政治の原点だね。古代ギリシャの政治もそうだったと思う。「その政治参加の思想を理論的に活《い》かしていきたい」という気持ちを、私は持っていた。

私の政治活動は、古代ギリシャのオリジナルな伝統に基《もと》づいた部分も持ったものなので、それを左翼活動と言うのは不適切だね。

菅直人《かんなおと》氏は首相になるべきではなかった

綾織　「古代ギリシャの伝統」とおっしゃいましたが、それは、ハンナ・アーレント（ドイツ出身の女性の思想家で、主に政治哲学《てつがく》の分野で活躍《かつやく》した）が言うような、「政治参加の自由」の部分だと思います。

ただ、篠原先生が影響を与《あた》えていた、民主党が言っている政治参加は、ある種の「権利の主張」的な政治参加であり、「公《おおやけ》」に対する責任感を持っている政治参加とは距離《きょり》があります。

篠原一守護霊　菅《かん》（直人《なおと》）さんは偉《えら》くなりすぎた。そこだけが問題なんだと思うよ。偉くならなければ問題はなかった。

綾織　首相になるべきではなかった？

篠原一守護霊　うん。首相は、ちょっと行きすぎた。

綾織　そうですか。なるほど。

篠原一守護霊　厚生大臣のあたりまでは評判がよかったじゃないか。なあ？

綾織　そうですね。

篠原一守護霊　弱者の権利を守り、救済されていない人を救い、官僚《かんりょう》の隠蔽《いんぺい》体質をオープンにした。そのあたりまでは、市民運動家的な動きとしては、よかったのではないかと思うけど、総理としては、ちょっとね。もう少しマネジメントが要《い》ったな。

自民党の三木武夫《みきたけお》氏のブレーンでもあった篠原教授

綾織　地上の篠原先生は菅政権誕生をかなり喜んでいたのですが。

篠原一守護霊　いやあ、それは……。私と彼は特別な関係じゃない。大川君……と言ってはいけないんだった。何だ？

綾織・立木　総裁……。

篠原一守護霊　大川総裁ね。「総裁先生」とは私は言えないな。

綾織　「総裁」で結構かと思います。

篠原一守護霊　大川総裁もゼミのころは知っていると思うけど、私は、三木《みき》（武《たけ》夫《お》）政権の時代から、三木さんの政治顧問《こもん》もしており、夜、車を回されて三木邸《てい》に呼ばれ、相談を受けたりしていた。そのとき、私のほうは大川総裁に相談していたんだよ。

綾織　そうですか。

篠原一守護霊　三木さんは徳島県出身だから、「三木さんの徳島県での評判はどうか」「どのように話をしたらよいのか」「どんな人だと思うか」など、いろいろと訊《き》いた覚えがある。

三木さんに呼ばれて三木邸に行ったとき、私は、お腹《なか》の具合《ぐあい》が悪かったので、

「ちょっと体調が悪い」と言ったら、重湯《おもゆ》のようなものを出され、それを食べたら、調子がよくなった。

それで、大川総裁に、「徳島には、腹痛に効く特別な食べ物があるのか」と尋《たず》ねた覚えもあるけど、「いやあ、そんなことはありません。それは片栗粉《かたくりこ》を溶《と》かしたもので、風邪《かぜ》を引いたりして食欲がないときに食べるものです。特別な食べ物ではありません」と言っていた。そんな会話をしたと思う。

あのころの私は、三木さんのブレーンというかたちで、自民党のブレーンもやっていたわけだ。やや左寄りで、少しリベラルではあったけどね。だから、別に「野党寄り」というわけではない。仕事とあれば、そういうこともやっていた。

そして、三木さんから相談を受けたことについては、大川総裁にも、いちおう相談していたのよ。「こう三木さんに言われたけど、あなた、どう思う?」などと話していたんだ。

篠原教授から「歯に衣《きぬ》を着せずに言うタイプ」と思われていた

綾織　当時、学生だった大川総裁について、篠原先生は、どう感じておられたのでしょうか。

篠原一守護霊　いやあ、「威張《いば》っていた」というか……。ほかのゼミ生はあきれ返っていたようではあるが、「異彩《いさい》を放つ」という言葉では、ちょっと足りないでしょうね。「教授がどけば、いつでも、教授の代わりに私がやってやる」というような感じだったね。

綾織　そういう〝脅威《きょうい》〟を感じておられたのですか。

篠原一守護霊　脅威というほどではないけども、ずいぶん平気でものを言う人というか、歯に衣《きぬ》を着せずにバンバン言ってくるタイプの人でしたな。
ほかの人たちは、みな、教授を立てたり、教授にゴマをすったりするんだけど、そういうところがあまりない人でしたね。

アーレントの全著作を英語と日本語で読み、論文を書いた

綾織　先ほど少し話が出ましたが、大川総裁はアーレントについての論文を篠原先生に提出なさいました。
篠原一守護霊　いやあ、難しいのを書きおってねえ。
綾織　難しかったわけですか。

篠原一守護霊　私は「ヨーロッパの政治」を研究しているのに、アーレントの思想のことをたくさん書かれて……。アーレントの名を知ってはいたけどねえ。アーレントの論文は、とっても難しいことで有名でね。アーレントはドイツ出身なので、英語で書かれた論文であっても、ドイツ語風の英語なので、簡単には読めない。

また、あのときは、アーレントに関する研究書がまだ一冊も出ていなかった時期なんだ。アーレントが亡《な》くなった年か翌年《よくとし》ぐらいに、大川総裁は学生になられたんじゃないかと思うんだけどね。当時、翻訳書《ほんやくしょ》は少し出始めていたけど、研究書はなかったんだ。

それなのに、大川隆法さんは、ハンナ・アーレントの研究全部について書いて出してきたので、本当は判定不能で、私には分からなかったんだけどな。

それで、「結局、何が言いたいのか」というようなことを訊いたんだけど、「バカだ」と思われるといけないから、気をつけなければいけなかったね。

そして、受け答えをしているうちに、「とにかく、おそろしく仕事の速い人だ」ということは分かった。ハンナ・アーレントの全著作を英語と日本語で読み、二週間で論文をまとめたんだからね。

大川総裁は、今は、夜早く寝《ね》て朝早く起きて仕事をしているようですけど、その論文を書いたときだけは昼夜逆転で、夜中に書き、朝の六時に雨戸《あまど》を閉めて寝ていたらしく、「こんなことをしていたら、先生、命を縮めるんじゃないでしょうか」というようなことを雑談で言ったので、「分かってくれるか。学者にとって、論文を書くことは、身を削《けず》るようなものなのだ」ということを話したのを覚えているけどね。

いやあ、普通《ふつう》の人ではない感じがした。普通の人ではないんだけど、「どのようになるべき人なのか」ということは分からない感じだったね。

助手論文のレベルを超《こ》えていた「アーレント論文」

綾織　大川総裁の「アーレント論文」には、篠原教授がテーマとしている「政治参加」についても、書かれていたと思われるのですが……。

篠原一守護霊　それは、いちおう書いていたよ。

「垂直権力」と「水平権力」について、分けて説明をしていて、「いわゆる権力として、通常、垂直権力が分析《ぶんせき》されているけれども、アーレント的なものから見て、水平権力というものがありうる。その水平権力の基盤《きばん》は、もともとギリシャの民主政に求められるべきであり、水平権力は政治参加から生まれてくる」というようなことから書き起こしていた。

その意味では、確かに、私が言っていることと、そんなに大きく外れているわけではない。「いかにして政治参加を起こし、水平権力をして垂直権力と対抗《たいこう》せしめるか」というような論理を組み立ててあり、かなり哲学的な部分も入っていて、ハンナ・アーレントの政治哲学の基本的な要点も押《お》さえながら書いてあった。

彼女の論文は難しすぎて、当時は、まだ誰《だれ》も研究書を書いていなかった時代なので、大川総裁の論文は、難解ではあったんだけど、独自に分析し、不思議な図表やグラフがたくさん入っている、変てこりんで不思議な論文、見たことのないような論文ではあったね。

私は簡単に内容を知りたかったので、「君、普通は『序文』と『あとがき』を書くものだぞ」と言ったら、「いや、書いてあったのですが、それを付けると幼《よう》稚《ち》に見えたので、取りました。本文だけ出します」と来たから、参ったね。

こちらがそこだけを読んで話をしようとするのを避《さ》けたのだと思う。本文を読ませるつもりで、「序文」と「あとがき」を外してきたらしい。

そのとき、「君、ずいぶんマチュアー（成熟している）なんだね」と言ったのを覚えているけど、そのときの評価は、確か、おたくの本のどこかにも書いてあったような気はする（前掲『太陽の法』『政治の理想について』参照）。

そして、「東大の助手になりたい」と言ってきたので、「助手論文のレベルを超《こ》えている」とコメントした。

助手論文は、通常、大学院を出てから書くものであり、「助手になり、そのあと講師になる」というかたちなんだけど、東大の場合には、よそに就職されて人材を逃《のが》してはいけないので、「法学部卒業後、助手になり、三年後に助手論文を書いたら、助教授（准《じゅん》教授）になれる」という制度がある。

ただ、助手になるには、だいたい、当時の大蔵省（現・財務省）に入れるぐらいか、それ以上の成績でなければいけないんですけどね。

学部を卒業したあと、助手期間は三年間あるんですが、五年間、大学院に行って書く博士論文レベルか、それ以上の論文を、三年間で書かなくてはいけない。要するに、学卒後三年で博士のレベルまで行かなくてはならないのが、助手の使命なんですね。

大学三年になるときに彼が書いた「アーレント論文」に対する、私のコメントは、「助手論文のレベルを、もう超えていると思われる。長さだけが足りないが、もう少し薄《うす》めれば二倍ぐらいには引き伸《の》ばせるだろう。そうすれば、助手論文として通《とお》ってしまうだろう」というものだった。

私の最初の著書である『ドイツ革命史序説』は、私の「助手論文」を本にしたものなのですが、東大の先生は、だいたい、助手論文を書くときに最も力を使い、それでポストを取ったら、あとは遊ぶんですね。だから、最初の助手論文を書くのがいちばん難しいんですよ。けっこう長く、本一冊分ぐらい書くんですよ。

私が、「これをもっと引き伸ばせるでしょう?」と言ったら、「はい。確かに引き伸ばせます」と言われたので、「長さを倍ぐらいにしたら、それで通るから、行けるだろう」という話をしたのは覚えているね。

大川隆法の分析《ぶんせき》力をどう見るか

綾織　そうした深い縁《えん》を伝って、今日、篠原先生(守護霊)のほうから、大川総裁のところにいらしたわけですが……。

篠原一守護霊　そうなんだよ。

綾織　何か強く訴《うった》えたいことがおありになると思うのです。それは何でしょうか。

篠原一守護霊　それはそうだよ。

今、戦後史の分岐点でしょう。これは、大きな大きな分岐点だ。私（地上の本人）は、もう八十七歳《さい》だから、どこまで先があるか、知りません。だから、これは遺言《ゆいごん》だよ。ほとんど遺言だと思う。

何十年か学生を教えてきて、巣立った卒業生たちは、いろいろなところで活躍しているし、彼（大川隆法）の同年輩《ねんぱい》には、今、東大の国際政治学の藤原帰一《ふじわらきいち》や、北海道大学教授の山口二郎《やまぐちじろう》などがいるけど、はっきり言って、どう見ても頭は大川隆法のほうが上ですよ。

だから、〝外〟へ出した人のほうが上になってしまった。彼らの分析力《ぶんせき》は、もう少し低いレベルであり、こちらのほうが、ずうっと上なのでね。

「大川隆法を呼び戻《もど》そうか」と考えたこともある

篠原一守護霊　以前、早稲田《わせだ》の政経（政治経済学部）の看板教授だった鴨《かも》（武《たけ》彦《ひこ》）教授を、東大に呼んだことがあって……。

立木　私も習いました。

篠原一守護霊　ああ、習ったか。

立木　はい。

篠原一守護霊　欠員が生じたので呼び、東大で教えてもらった。ものすごくエネルギッシュに、講義をしたり、本や論文を書いたりしてたんだけど、過労で死んじゃってねえ。

立木　そうですね。若くして亡くなられました。

篠原一守護霊　そうだねえ。頑張っていたんだけどね。早稲田の卒業生で、そのまま早稲田の教授になり、看板教授だった人を呼んだんだけど、東大に来ると、「実力を証明しなくてはいけない」というので、えらく頑張ってしまい、死んじゃったんだよね。

実は、あのころに、大川隆法を呼び戻《もど》すかどうか、ちょっと考えたことはあるんだよ。ただ……。

立木　その時点では、すでに幸福の科学は……。

篠原一守護霊　当時、大川総裁は、もう世に出ていて、九〇年代になってから有名になっていたので……。彼の同級生が大学に残って助教授をやっていたから、大川隆法を呼び戻すかどうか、ちょっと考えたこともあったんだけれども、もう何か手が届かないような感じになってきていたね。

3　東大政治学教授としての「政治観」

国家権力を学問的にチェックするのが東大政治学の伝統

綾織　すみません。「遺言《ゆいごん》」ということですけども……。

篠原一守護霊　あ、遺言。

綾織　篠原先生は、一方で、朝日新聞にも影響《えいきょう》を与《あた》え……。

篠原一守護霊　うーん、そうそうそう。

綾織　現代の政治学者にも影響を与え、それによって、二〇〇九年に民主党政権が誕生しました。

私たちから見ると、政治的には、今、ある種の非常に混乱した状況《じょうきょう》にあるわけです。その部分について、一度、反省と言うと失礼かもしれませんけれども、何らかの総括《そうかつ》をしていただく必要があると思うのですが。

篠原一守護霊　うーん……。あのねえ、学者というものにも、マスコミの根元《ねもと》みたいなところがあるのでね。だいたい、学者の言うことを勉強して、マスコミが情報発信しているところがある。

だから、政治家にも優秀《ゆうしゅう》な人は多いし、知性も高い方々だから、学者のほうには、そうした権力を実際に持っている人たちをチェックする仕事もあることはあった。

そのへんが、今、君たちには気に入らないかもしれないけども、学者で、それを分析《ぶんせき》できるというのも、なかなか大変なことだ。

まあ、朝日新聞も、そうした権威《けんい》の一つなのかもしらんけれども、東大の政治学の教授というのも一つの権威であって、国家が暴走したりしないよう、学問的に批判して歯止めをかけるのが仕事なのよ。

だから、「本郷《ほんごう》のほうは、ちょっと『左』に寄っている」とか言われているのは、やや不本意ではある。いちおう（政府に）協力もするからね。ただ、駒場《こまば》のほうには、協力する人が多いんだけど、本郷のほうは、最後に戦う部分が残っていたのでね。

今は、もう、東大卒の総理大臣もすごく少なくなったので、昔ほどではないけど、昔は、だいたい東大法学部出の総理大臣が多かったから、それに対抗《たいこう》するのは、やはり、東大教授ぐらいでなければできなかった。「理論的な間違《まち》いや学問的な視点からの間違いがあれば、それを指摘《してき》し、防波堤《ぼうはてい》になる」というのが、一つの伝統ではあったな。

それは、南原繁《なんばらしげる》総長あたりから、まあ、丸山眞男《まるやままさお》先生もそうだったかもしれないけど、伝統的な流れはあったので、みんな、その流れは引いているね。

戦後、「共産主義」から「リベラル」へと中軸《ちゅうじく》が移った

篠原一守護霊　君らから言うと、ちょっと判断が違ったのかもしらんけど、戦後の立場で考えればだねえ、そうは言っても、戦前体制が崩壊《ほうかい》したあとの立て直しの感じから見れば、あの時代は、一時期、「平和主義」と「共産主義的な左翼《さよく》的なもの」とが一体化していたからねえ。

それが、だんだん、共産主義と一体化していると少しやりにくくなってきて、

やや、「リベラル」という言い方での分類のほうに移ってきたわけだ。まあ、左から、やや真ん中へんのほうに少し寄ったあたりに、中軸《ちゅうじく》があったことはあったんだけどね。

ああ、そうか。「朝日をはびこらした」とおっしゃるか。うーん、そうかなあ。はびこらしたかねえ。

公明党を要《かなめ》とする「連立政権」ができたことは業績の一つ？

立木　ただ、先ほどおっしゃった、戦後の政治の流れのなかで、東大法学部の系統の先生がたから出てくる発信内容を見ると、結論的には、やはり、「ずれていた」と指摘せざるをえないかと思います。

篠原一守護霊　うーん、まあ、「ずれていた」というか、「全部はカバーできていなかった」と言うべきかな。だから、一部ではあったのかなあ。
まあ、私の業績の一つに、ヨーロッパの政治について勉強し、「連立政権型が可能である」と提示したことがある。学者としてはピークのころだけど、それが実際に起きたのでね。
でも、言われているとおり、その後、九〇年代に混乱を呼んだ部分も確かにあったのかもしれないねえ。

立木　大川総裁が学生のころ、その点について、いろいろと議論をされたと伺《うかが》っています。

篠原一守護霊　私は、「公明党をピボタルパーティー（pivotal party／要党《かなめとう》）にして、ほかの党と連立を組めば、多数派を形成できて、やれないことはない」ということを言っていたわけで、「宗教政党は完全に駄目《だめ》だ」と思っていたわけではないんだ。

立木　ただ、公明党に対してピボタルパーティーの役割を与えることは、結果としてよかったのかどうか……。

篠原一守護霊　あれが悪かったかどうか、ちょっと分からないけども、少なくとも、現実の政治が、三十年近くそうなってきたのは事実であるわねえ。実際、この三十年ぐらい、本当に〝金魚の糞《ふん》〟みたいな動きかもしらんけども（笑）、彼らは、自民党でちょっとだけ足りない部分をいつも補っていた。まあ、「いいとこ取り」をしていたのかもしれないけど、彼らは多数派形成に何とか貢献《こうけん》した。

また、ほかのところも、うまく食い込《こ》んだりしながら、多数派をつくっていった。

「自民党に単独過半数を取らせない」がマスコミの目標

篠原一守護霊　要するに、マスコミの主たる仕事は、「自民党に単独過半数を取らせないようにする」ということだった。三木《みき》（首相）のころもそうだったけども、「単独で過半数を取らせないようにする」というのが、ずーっと戦いの目標だったのよ。

立木　篠原先生は、どちらかというと、それを応援《おうえん》するような方向で、いろいろと指導されていたのではないでしょうか。

篠原一守護霊　いやあ、まあ、どうだったかねえ……。

自民党は、単独過半数を割ったら、すごく謙虚《けんきょ》になって頭を下げ始めるんだけど、単独過半数を超《こ》えたら法案が通るから、急に傲慢《ごうまん》になる。それを、みんな、長い間見ていたのでね。

だから、「ちょっと不安定になって、ほかの者の意見も聴《き》かなければいけないようにしておいたほうが、頭を下げるし、民意が反映されやすいんじゃないか」と思ったわけだね。

マスコミと大川隆法の「派閥《はばつ》に関する見方」の違《ちが》い

立木　そういう部分も、いちおう理解はできますが、ただ、当時の五十五年体制の下《もと》で、一方の極であった社会党が言っていたことには、まったく現実味がなく、彼らは、ただ反対ばかりをしていました。

そういう観点で見ますと、自民党政権が不安定になった結果、日本の政治そのものが不安定になり、ダッチロールをするようになったのではないでしょうか。

篠原一守護霊　君の時代と合っているかどうか知らないけども、七〇年代には自民党の「田中《たなか》金権政治」があったんだよ。その前にな。七〇年代に田中金権政治があって、批判がそうとう出ていた。

お金で票を買い、国会の議員票も買えるような、君らが思っている以上に露骨《ろこつ》なものだったからね。盆暮《ぼんく》れに、もう、紙袋《かみぶくろ》に札束を入れて、そのままポンと置いていくような、そのくらい露骨な金権政治だった。田中派に属したり、シンパ議員になったりしたら、「おうっ！　五百万！」と言って渡《わた》していくようなことを現実にやっていたからさ。

それで、三木とかは、弱くて金もなかったから、そういうのを批判していた。

のちに、小泉《こいずみ》が、ちょっと似たような手法をとったな。小泉政権は、そういうものに批判的だった。

金丸《かねまる》（信《しん》）とかも、そうだったけど、金権政治と、あとは派閥《はばつ》政治？　派閥の解散なんか何回もやっていたよね。

だから、「派閥の談合によって交代で首相を選ぶような、金権政治と派閥政治の癒着《ゆちゃく》の部分を何とかしないと、政治は浄化《じょうか》されない」と、七〇年代、八〇年代は、マスコミにずっと言われていたんだ。

ただ、学生当時の大川総裁は、「派閥には、次のリーダーを養成するシステムが組み込まれているので、派閥自体は必ずしも否定する必要がないんじゃないですか」という考えを言っていたね。

「派閥は政党内政党なので、そのなかで領袖《りょうしゅう》になり、派閥のリーダーになることによって、次の首相になる資格が得られる。要するに、同じ保守党としての自民党のなかで、子分を養い、政策の違《ちが》いを磨《みが》いて、リーダーに選ばれる。そのように、『自民党のなかで、政策競争、人徳の競争をして、リーダーが選ばれてくる』ということであれば、政治の一貫性《いっかんせい》が保たれながら、きちんと新陳代謝《しんちんたいしゃ》は行われる。そういう意味で機能している面もあるから、新聞が言うように、必ずしも、全部、否定すべきではない」という、かなりリアリスティックな見方をしていたんじゃないかな。

東大では少数派だった「政治参加を重視する政治学」

綾織　先ほど、「東大から出てくる政治学は、全部をカバーしているものではない」というお話がありました。

これは、「統治としての政治学だけでなく、政治参加としての政治学もある」ということでしょうが、政治参加の部分だけに偏《かたよ》ると、民主党政権において一つのかたちになったように、脱《だつ》原発運動などを助長し、国を間違った方向に導いていくこともあると思います。

その意味では、「考え方として偏っている」という部分を、しっかりとおっしゃっていただく必要があると思うのですが。

篠原一守護霊　今、君たちは国を強くする方向を主張しているけど、昔は、国が強くなると、住民がいろいろな意味で迷惑《めいわく》を受けるようなことも多くてね。

開発の時代も、ちょっと時代がずれているから一緒《いっしょ》じゃないと思うんだけど、多摩《たま》ニュータウンから始まってねえ。宮崎駿《みやざきはやお》の映画「平成狸合戦《へいせいたぬきがっせん》ぽんぽこ」の狸の戦いじゃないが、いろいろなところで自然を開発していて、六〇年代、七〇年代は、ほとんど公害闘争《とうそう》ですよ。公害闘争と安保《あんぽ》闘争とが、一緒に、ダブルで走っていた時代でね。

だから、アメリカを追いかけて工業化し、発展していくなかには、自然や日本ブの伝統的なものを破壊していく運動もあったし、大手スーパーやセブン-イレブンみたいなものが広がって、パパママストアとか伝統的な老舗《しにせ》とかがたくさん潰《つぶ》れていくようなこともあった。そういうことに対して、都会人ではあるんだけども、何て言うか、「かわいそうだ」という一定の悲しさを感じていたので、「政治に、もう少し血を通わせろ」と言っていたところはある。

まあ、東大全体から見れば、政治参加を重視する政治学のほうは、少数派であったんではないかと思うんだな。どちらかというと、統治の機構に組み込まれていくほうが多かったので、むしろ、こちらのほうが少数派の革新派であったわけで、「政治を新しく変えようとする動き」であったことは事実であるんだけどねえ。

「左翼《さよく》的イデオロギーに偏《かたよ》っていた」と言われるのは不本意

立木　ただ、現時点でも、篠原先生は「地方自治も大事だ」と言われていて、かなり熱心に推奨《すいしょう》されています。

篠原一守護霊　うん、そうだねえ。

立木　確かに、地方自治も大事ではあるのですが、今、それが過度に強調されすぎて、道州制とか、地域主権とか、国家を解体していく流れが出てきています。

この点についても、何らか一種の総括が必要ではないかと思うのですが。

篠原一守護霊　勘違《かんちが》いしてもらっては困るんだが、なんか、レッテル貼《は》りをして、一方的なイデオロギーで授業をやっていたように思われるのは、ちょっと不本意だ。政治学としては、客観的にいろいろな分析をしていたわけでね。

だから、私のゼミ生からは、舛添要一《ますぞえよういち》君とか、大川隆法君とか、ちゃんと、いろいろな人材が出てきている。まあ、本筋で残っているのは、やはり、やや左翼《さよく》的なリベラル派の、いわゆる朝日に出てくるタイプであるのは事実だけども、そういういろいろな人材が出てきているのを見れば、政治学そのものとして、客観的にいろいろなものを入れていたことが分かると思う。

また、私の言っていた市民運動は、単なる破壊の市民運動ではない。「崩壊さえすればいい」というような意味の市民運動ではなく、一種のコーポラティズム（政策決定に企業《きぎょう》や労働組合などを参加させる考え方）と言いますかねえ、国家というのは多元的な価値観を持って活動する人間の集団であるべきなので、「いろいろなものを包括的に抱《だ》きかかえるような、『抱きかかえ型の政治』を考えなければいかん」という思想であったわけだ。単純に、「右翼・左翼に分かれて、どちらかを弾《はじ》き飛ばす」というような政治観ではなかったんだよ。どちらかといえば、コーポラティズムだったんだけどね。

洋書の分析《ぶんせき》・討論が中心で、非常にレベルの高かった篠原ゼミ

立木　今、舛添要一さんの名前が出ましたが、いろいろ活躍《かつやく》をなされてきた舛添さんも、現時点では、「もう前途《ぜんと》が見えない」ということで、政党の代表も辞《や》めてしまうようです。

篠原先生は、舛添さんについて、どのようにご覧になっていますか。

篠原一守護霊　舛添君自身が、以前、「篠原ゼミは、日本最高レベルの政治学のゼミだったと思う」と、はっきり書いているぐらいですから、レベルが高かった

のは事実です。

主としてヨーロッパの政治史のなかの、政党政治の分析《ぶんせき》を中心にやっていて、向こうの政治学者の洋書を中心に読んでいましたけども、アメリカの留学生が来て、英語の本なのに、読んで「分からない」と言うぐらいの難しい本を読んでいましたね。

「東大では、こんな難しい英語の本を学生に読ませてゼミをやるのか」と、アメリカからの留学生が言うぐらい、要するに、ネイティブが読んでも分からない英語の本をゼミで読ませて、討論をやっていたわけです。私のゼミは、英・独・仏の三カ国語ぐらい読めないと、いられないぐらいのゼミだったので、すごく大変ではあったんですね。

だから、「学問的に偏《かたよ》っていた」というよりは、やはり、ちゃんと一種の分析はしていたよ。

ヨーロッパのほうのイギリスやフランス、あるいは、「スペインの独裁政権を倒《たお》した人民戦線型の戦い方」などを、いろいろ分析して、「どういうかたちで政変を起こすか」を研究したり、伝授したりしていたわけです。

今、こうやって政党（幸福実現党）をやっているけど、これは、ちゃんと〝地下水脈〟が流れているんじゃないの？　そうは言っても、政権の倒し方を、いろいろと教えたのは事実だからね。

4 「宗教政治学」出現への期待

宗教政党が与党《よとう》になりうることも公平に教えていた

綾織　幸福実現党向けにも、ぜひ、その〝秘儀《ひぎ》〟を教えていただけないでしょうか。

篠原一守護霊　〝秘儀〟……。〝秘儀伝授〟ねえ。

いやあ、君らは、戦うべき相手としての「権力」ではないよ、今の状態ではね。

まあ、少なくとも政党に関してはね。

宗教については、どうなのかはよく分からないけども、少なくとも政党に関しては、今、叩《たた》き潰《つぶ》さなければいけないほどの巨大《きょだい》権力でないことは間違《まちが》いない。

巨大権力ではないけれども、やはり、一つの見所《みどころ》は、「（幸福実現党は）公明党に代わる宗教政党になってくるか」というところだね。それで、「宗教政党が二つ両立するか、あるいは一つが勝ち残るか」というところも一つの見所だね。

私は、ヨーロッパのほうでドイツのキリスト教民主同盟が政権を取ったこともずいぶん教えているし、宗教政党が中心になることがありえることも授業ではちゃんと公平に教えている。そういう意味では、大川総裁は、「宗教政党は、全然、異端《いたん》ではない」ということを、ちゃんと知っていたはずだ。マスコミのほうは、それを知らないかもしれないけど、私の授業を聴《き》いたことで、ちゃんと理解していたはずなので、宗教政党が十分に与党《よとう》になりうることを知っていたと思う。

「中国とのパイプ」に存在意義を見いだした創価学会《そうかがっかい》・公明党

篠原一守護霊　戦後は非常に貧しかったから、創価学会《そうかがっかい》・公明党が、ピボタルパーティーというか、「貧しい人たちを助ける」という福祉《ふくし》政策の一環《いっかん》として、それを強く政府に対して主張していた。要するに、開発したり、一生懸命《いっしょうけんめい》に大企業《きぎょう》を伸《の》ばそうとしたりする政府に対して、貧しい人たちの救済に当たろうとしていたのは、共産党と、創価学会・公明党の二つだった。時代的に、だいたい同じ層をターゲットにしていたと思う。

その後、八〇年代以降、日本全体が豊かな社会になってきたために、公明党のよって立つところの、「弱者救済的な福祉政策を中心とする政党」という意味での立脚《りっきゃく》点は失われた。

また、もう一つの手として、彼ら（公明党）は、中国との国交を回復し、中国とのパイプを太くすることによって、日本の新しいスタイルをつくろうとした。つまり、アメリカ一辺倒《いっぺんとう》で引っ張られていた状況《じょうきょう》から、中国と国交を深めることによって、日本の舵取《かじと》りを別なかたちでできるように持っていこうとしたのは事実であるので、これのよし悪《あ》しが、今、次の論点として出てきた。

中国との国交回復には日本も乗らざるをえなかった?

立木　篠原先生は、現時点で、中国をどのようにご覧になっていますか。

篠原一守護霊　まあ、でも、八十七だから、もう責任はあまりないんじゃないかとは思っておるんだけども、戦後を総括《そうかつ》するに、もし、大きくなった中国と国交を持たないまま今まで来ていて、北朝鮮《きたちょうせん》と同じ状態だったとしたなら、それは、ある意味で、もっと怖《こわ》い状態なんじゃないか?

立木　ただ、国交がなければ、経済の交流もなく、ある意味で、中国の経済成長もなかったわけですから。

篠原一守護霊　いやあ、それでも、ヨーロッパとの貿易も大きいし、アメリカとの貿易も、ものすごく大きくなっているからね。日本がやらなくても、アメリカは、ニクソンの時代に米中の〝国交回復〟を絶対やっていた。

立木　そうですね。

篠原一守護霊　あのとき、それに乗らなかったら、日本が取り残されたおそれもあるわけで、これには、絶対に乗らざるをえなかっただろうと思う。

中国は、本当に非常な脅威《きょうい》ではあるけども、難しいねえ。

当時、米中は国交を回復しつつも、すでにベトナム戦争も始まっていたと思う。アメリカ対ベトナムの戦いをやったけど、ある意味で、アメリカは、ベトナム戦争で初めて負けたんだよね。

ベトナムの裏にあったのが中国軍だったことは、みんな知っていたので、「中国恐《おそ》るべし」ということが分かった。

だから、アメリカは、ベトナム戦争で負けた代償《だいしょう》として、実は、中国という国家を承認《しょうにん》した。〝忍者《にんじゃ》〟としてのキッシンジャー（大統領補佐官《ほさかん》）が、中国に飛んで秘密裡《ひみつり》に交渉《こうしょう》を進めた。やはり、「中国と何らかのパイプをつくっておかないと、今後、世界を動かしていくのは難しい」という考えがあったわけだ。

また、中国も、軍事的には戦ったけども、自分たちに発展途上《とじょう》国的な面があることは知っていて、「欧米《おうべい》に学ぶべきことがある」と分かっていたので、そういう意味で、双方《そうほう》にとってメリットがあったかなと思う。
それに日本が乗り遅《おく》れたら、確かに厳しかっただろう。

公明党が「中国の脅威《きょうい》」について何も言えずに困っている理由

篠原一守護霊　あのとき、田中《たなか》（角栄《かくえい》）さんもいたけど、公明党が根回しをしたのは事実で、それを今までずっと自慢《じまん》していたから、公明党は今、中国の脅威《きょうい》について何も言えなくて困っているんでしょう？　これを否定したら、もう何もなくなっちゃうからね。貧民街《ひんみんがい》がたくさんあれば、まだ彼らには活動する余地があるんだけど、それもなくなっているしね。

そういう意味で、これを言ったら、彼ら（公明党）は怒《おこ》るかもしれないが、もし、君らに批判が来たら許してくれたまえ。私の言葉だから、許してくれたまえ。

要するに、「公明党も、歴史的使命が終わろうとしている」ということだ。そのときに、幸福実現党が出てこようとしているんだろう？　実に面白《おもしろ》いし、恩師としては、できたら応援《おうえん》してやりたい気持ちはあるよ。宗教政党で、もう一つ、新しいものが出てきたら、日本の政治は、すごく面白くなるじゃないですか。

綾織　ありがとうございます。

「霊言《れいげん》で政策を出す」ことに困惑《こんわく》している政治学者

綾織　公明党との比較《ひかく》で、宗教政党についてのお話を頂きましたが、一方で、ヨーロッパでは、ドイツのキリスト教民主同盟のような宗教政党の伝統があります。

こうした世界の宗教政党の流れのなかで、幸福実現党を位置づけるならば、どのような意味合いになるのでしょうか。ぜひ、政治学的に……。

篠原一守護霊　いやあ。これはもう本が多くて大変だけどね。どちらが分析《ぶんせき》を担当すればいいのか分からない。政治学者が担当すべきか、宗教学者が担当すべきか。いったいどこが分析を担当すればいいか、分からない状態にある（笑）。

立木　幸福実現党としましては、今までの戦後体制には、天皇制がある一方、無神論・唯物論《ゆいぶつろん》的な面もありましたので、それを乗り越《こ》えて、「新しい意味での宗教立国をすべきである」と主張しています。

この宗教立国ということに関して、篠原先生のご見解はいかがでしょうか。

篠原一守護霊　だからさあ、霊言《れいげん》で政策を出してくることについて、政治学者として何と言えばいいのか。これは難しいわな。みんな経験がないよね。こんなものは経験した人がいないので、何と言っていいか。

今、藤原帰一《ふじわらきいち》君とか、山口二郎《やまぐちじろう》君とか、困っていると思う。「政治学者として、何か言わなければいけない」と焦《あせ》りつつ、「しかし、霊言で政策を言ってくるのを、どう〝料理〟すればいいのか」と、本当に困っていると思うんだよ。

幸福実現党を分析《ぶんせき》できない東大政治学

綾織　ヨーロッパの伝統のなかにも、「民《たみ》の声は神の声」という言葉がありますし……。

篠原一守護霊　まあね。それはそうだけどね。

綾織　民主主義と、神々の考えとは、必ずしも別々に存在しているわけではないと思います。

篠原一守護霊　いやあ、私も〝防波堤《ぼうはてい》〟になっているんだよ。君らは、取りようによっては、右翼《うよく》よりもすごいウルトラ右翼、超《ちょう》右翼にも見えるようなことも、立木党首だったときに平気で言いまくっていたじゃないですか。

立木　そのとおりです。

篠原一守護霊　ウルトラ右翼にも見えることを言っているけども、大川総裁が私の教え子だというので、彼らが言えないでいるわけだ。言うに言えないような感じがあって、幸福実現党に関して、東大の政治学が機能しないんだよ。

東大政治学がこれを分析《ぶんせき》できない。分析したら、しっぺ返しが来るのが分かっているからね。「おまえなあ、何を言っているんだ?」と、大川総裁が、絶対、切り返してくるのを知っている。この口数の多さに勝てそうにないから、黙《だま》っているのがいちばん賢《かしこ》いのさ。定年までは黙っていたほうがいいからね。

幸福の科学の成り行きを見守る世間《せけん》やマスコミ

綾織　ぜひ、かつての師匠《ししょう》として分析していただきたいのですが。

篠原一守護霊　師匠として分析ねえ。まあ、大きすぎるわ。もう無理だわ。

綾織　はい（笑）。

篠原一守護霊　無理だよ。これは無理だよ。ああ、これは無理だわ。もう大学より大きいんだろう？　宗教のほうが、東大より大きいじゃん？　ねえ。これは無理だよ。

東大総長だって、一人で教えているわけじゃないからね。東大総長一人で、東大全部を教えられるんだったら、すごいものだと思うよ。そう思わない？

綾織　そうですね。

篠原一守護霊　「東大総長が、東大の全学部の授業をやれる」というのは、ものすごい権力だよな。だけど、宗教として、それより大きくて、いろいろなことについてしゃべっているんだろう？　これは手に負えないな。

だから、みんな、どうなるか、マスコミ全体を含《ふく》めて、成り行きを見守っているわけだ。

まあ、私の見方では、この人は、とても頑固《がんこ》だから、言い出したらきかないだろうね。たぶん、きかないから、マスコミが何を言おうとも平気で、やるところまでやると思う。

ただ、私の教えを受けている以上、ヒトラーみたいになることはないよ。たぶん、ない。それは私が〝裏保証〟しておくよ。「ヒトラーみたいな独裁者を目指している」ということは絶対にない。それについては保証する。

クオリティについては、舛添《ますぞえ》君だって、ちゃんと分析して、幸福の科学、幸福実現党のレベルを十分に認識していたみたいだからね。

「祭政一致《さいせいいっち》の政治学」がつくれるかどうかは見物《みもの》

綾織　最初に、ギリシャの民主主義の話が出ましたが、ある意味で、「神々と地上の人間が一緒《いっしょ》に政治をつくっていく」というのは、理想に近いものかと思います。

篠原一守護霊　いやあ、これはきついね。ここは東大政治学の弱点なんだ。丸山《まるやま》政治学が出て、天皇制時代の政治学をバサッと全部切ってしまったんだよ。アメリカ流政治学で全部バッサリ切って、ファシズムの一環にしてしまったから、昔の、神話時代からの「祭政一致《さいせいいっち》の政治学」なんていうのは、学問的に完全に消えてしまったわけよ。

これを、今、復活させようとしているんだろう?

立木　そうですね。

綾織　はい。

篠原一守護霊　だから、分析道具がないんだよ。丸山は、あんたがたの判定により、今、地獄《じごく》に堕《お》とされてしまっているからさ。口封《くちふう》じされて……（『日米安保《あんぽ》クライシス――丸山眞男《まさお》 vs. 岸信介《きしのぶすけ》――』〔幸福の科学出版刊〕参照）。

綾織　（苦笑）私たちが堕としたわけではありません。

篠原一守護霊　まあ、堕としたんじゃなくて、事実、堕ちているのかもしらんけど、誰《だれ》も分からないからさ。まあ、いちおう、そういうことになってはいる。

これは、東大法学部そのものを〝沈《しず》められる〟おそれがあるぐらいの衝撃《しょうげき》ではあるけど、彼の時代が終わったことは事実だし、安保闘争《とうそう》で敗れて東大教授を辞したことも事実だ。彼は、この世においては蹉跌《さてつ》した。

だけども、後輩《こうはい》たちが彼の学徳を慕《した》って、丸山学派と呼んで跡《あと》を継《つ》いでいたのを、大川隆法氏が出《い》でて前後際断《ぜんごさいだん》してしまった。パサーッと切ってしまったので、責任はあるわなあ。その部分を、ちゃんと立ててもらわないといけないね。

今の時代に、「祭政一致の政治学」がつくれるかどうか。これは見物《みもの》だよねえ。

綾織　はい。

篠原一守護霊　ぜひとも体系化して、「祭政一致の政治学」をつくっていただきたいですな、分かるように。

「高天原《たかまがはら》の神々の考え」を政治学的に分析《ぶんせき》できるか

綾織　それは、ギリシャだけの話でなく、「日本の高天原《たかまがはら》の考え方と、地上の人間の考え方を一致させていく」というものですね。

篠原一守護霊　いやあ、それについては、もう、みんな、「高天原」というと、右から左に抜《ぬ》けていくんだよなあ。

綾織　はい。

篠原一守護霊　「どうしたらいいわけ？」っていうのが現実だ。
　要するに、高天原の神々のお決めになったことについて、この世の憲法以下の政治制度は、いったいどう反応すればいいんですか。それは難しいですよねえ。学問の対象として分析《ぶんせき》できるのかどうか。

綾織　結局は、啓蒙《けいもう》活動や、「どのように賛同を得ていくか」というプロセスが大事だと思います。神々の命令でやるわけではありませんので、やはり、「『一人ひとりの国民が目覚めていく』というプロセスを取りながら、結果的には、祭政一致的な方向に近づいていく」ということだと思うのです。

篠原一守護霊　民主主義の始まりは、どちらかと言ったら、独裁者とか、そういうディクテーターシップ（dictatorship／独裁制）を防ぐことだよね。一人で長く君臨して、やっているうちに、だんだん堕落《だらく》したり、腐敗《ふはい》したりして、国民が実際に苦労しているところが分からなくなっていく。秦《しん》の始皇帝《しこうてい》もそうだし、他のいろいろなところも、みんな、そうだ。

「そういうふうになるのではないか」というのを防ぐのも、民主主義の大きな旗印の一つではあるわね。

だけど、日本の高天原の神々の民主政治については、やはり、政治学的に分析する材料がないし、『古事記《こじき》』に出ている史料の少なさは、もはや、どうしようもない。

「佐藤誠三郎《さとうせいざぶろう》東大名誉《めいよ》教授の霊言《れいげん》」の書名に対する意見

綾織　ただ、今は霊《れい》でいらっしゃいますので……。

篠原一守護霊　ああ、そうか。なるほど。

綾織　そうした、あの世の世界も分かっておられるのではないでしょうか。

篠原一守護霊　「霊だから分析しろ」と？

綾織　はい（笑）。

篠原一守護霊　なるほど。ああ！　『スピリチュアル政治学要論』とか出したなあ。え？

綾織　はい、そうですね。

篠原一守護霊　君ねえ、あんな格好いいのを人にあげちゃいけないんだよ（会場笑）。

綾織　（笑）今回は、あれを別なかたちで……。

篠原一守護霊　私のほうを先に持ってこないと。(『スピリチュアル政治学要論』の)「1」がこっちで、「2」をあっちにするとかさ。佐藤誠三郎《さとうせいざぶろう》なんて、何も手間がかかっていないじゃない。手がかかったのは私なんだから。

綾織　はいはい(笑)。

篠原一守護霊　大変だったのは私なんだからさ。ちょっと勘違《かんちが》いしているんじゃないかな。「もう死んでいる」と思ったのかどうかは知らないけど。

「社会科学としての政治学」の部分を見せられるかが課題

綾織　これからの政治学は、やはり、あの世を想定しなければ難しくなってくると思います。

篠原一守護霊　いや、それもあるんだけどさあ、政治学にも、元は文学部史学科の政治史というのが、いちおうあるじゃないか。そういう「文学部史学科の政治史風の政治学」から「法学部の政治学」に移ってからは、政治学は、人文科学では駄目《だめ》で、社会科学でなければいけなくなった。

人文科学的な政治学なら、いろいろな神話や英雄《えいゆう》伝が入っても構わないけど、社会科学としての政治学なら、やはり、それだけでは済まない。何らかの理性的な分析なり、方法論的な確立なりをしなければいけなくなってくるわけですよ。

そのへんのところが一つの課題だね。

理論的、理屈《りくつ》的に、ちゃんと納得《なっとく》させ、説得ができるかどうか。科学という言い方は、あなたがたは嫌《きら》いかもしらんけど……。まあ、「幸福の科学」だから、これはいいのか。分からないけど、「社会科学の一部としての政治学の部分をちゃんと持っている」というところを、キチッと出して見せなければいけない。

「いや、神々によれば……」というだけでやられると、もう予測不可能だよね。

「宗教政治学」という学問は、オリジナリティーが高い

綾織　私たちは大学の創立も考えていますので……。

篠原一守護霊　ああ。なるほど。

綾織　その教科のなかには、当然、政治学もあるわけですが、同時に、「宗教政治学」と言いますか……。

篠原一守護霊　なるほど、宗教政治学。

綾織　「スピリチュアル政治学」的なものを確立していきたいと考えています。

篠原一守護霊　「宗教政治学」というのを立てるのは、けっこう珍《めずら》しいんじゃないか。これをズバッと立てたら、すごくオリジナリティーがあるんじゃないかな。

立木　そうですね。今の日本には、なかなかないですね。

篠原一守護霊　「宗教政治学」と、ズバッと立てたものはないんじゃないかね。なるほど、そういうふうになるかもしれないね。宗教政治学か。

「連合政権の理論」の思わぬ〝副産物〟

綾織　そういう新しい学問をつくっていかなければならないわけですが、「それを何で測るか」というのは、確かに、物差しがないと難しいですね。

篠原一守護霊　いちおう検証し、いろいろな批判に堪《た》えるものでなければいけないからね。「何をしたら、どうなったか」ということが、分析対象にならなければいけない。

例えば、連合政権の理論でも、「実際に連立してみて、何年何カ月もったか」という資料をちゃんと出し、「単独でやった場合と比べて、必ずしも政権が短いわけではない」というような事例を積み上げ、「十分に可能性がある」ということを言ったら、その後、何度も連合政権ができた。

まあ、私の罪を追及《ついきゅう》されたらしかたがないんだけど、細川《ほそかわ》政権みたいなものや、村山《むらやま》政権みたいなものまでできてしまった。これらは、全部、私の連合政権の政治理論に乗っかって出来上がったものだ。まあ、「社会党の党首を首相に担《かつ》いだら、社会党が崩壊《ほうかい》してしまった」という思わぬ〝副産物〟ができたけど、私は必ずしも社会党の味方じゃないよ。

首相に担いだら社会党が崩壊してしまったじゃないですか。だから、何がどうなるか分からないですよ。

綾織　今、民主党も同じ状態になっています。

篠原一守護霊　そうなんです。崩壊しそうですね。

綾織　はい。

篠原一守護霊　このままだと崩壊するんじゃないでしょうか。

綾織　そうですね。

篠原一守護霊　エース級の〝救世主〟が出なければ崩壊するかもしれない。まあ、人気のある若手が上手に救いに出た場合は、少し生き残るかもしれないけどね。

5 「憲法改正」をめぐる論点

「丸山《まるやま》ワクチン」への思いを語る篠原一守護霊

立木　今、民主党の話が出ましたけれども、そのなかでも、篠原先生は、菅《かん》さんと昵懇《じっこん》の仲だと聞いております。確か、丸山《まるやま》ワクチンについて……。

篠原一守護霊　ああ、そうねえ。

立木　篠原先生が、「あれは本当に素晴《すば》らしい」と感じ、認可を求める運動を起こされたところ、それに入り込《こ》むかたちで、菅さんが近づいてきたそうですが、このへんに関しては、今、どのように総括《そうかつ》されるでしょうか。

篠原一守護霊　いやあ、大川君……、あっ、大川君って言ったら駄目《だめ》か。あのー、大川……、えー、総裁の学生時代にも、ゼミのなかで、丸山ワクチンの話をしたけど、彼は横にいて、うさんくさそうに見てたよ（会場笑）。（将来）宗教家になるくせにねえ。

私が、「丸山ワクチンを広めたい」と言っているのに、彼は、「いやしくも東大教授が、『丸山ワクチンを広めたい』なんて言って、大丈夫《だいじょうぶ》ですか？」みたいな感じで、そっちのほうが、よっぽど唯物論《ゆいぶつろん》的合理主義者だよ。なんか、もう、「西洋医学以外、信じていない」みたいな言い方で、波動としては、はっきりしていたね。「先生、そういうのは、もう、やめたほうがいいのではないですか。『たまたま治った』ということで、いいでしょう。『それを広めよう』などという、いかがわしいことはやめてください」と言わんばかりの雰囲気《ふんいき》を、私は感じていたよ。「自分のほうが、よっぽど科学的で合理的だ」と信じているように、私には見えた。むしろ、私のことが、よっぽど迷信家《めいしんか》で、宗教家のように見えたんじゃないかねえ。

これについては、ちゃんと反省していただきたいねえ。うん。

立木 いわゆる、「プラシーボ効果」だったわけでしょうか。

篠原一守護霊 それは、分からない。分からないけど、治ったのは事実なんだからさ。まあ、「誰《だれ》が治ったか」にもよるけど、少なくとも、東大教授をしていた人が、「それを使って治った」と言っているんだし、嘘《うそ》をつかなきゃいけない理由はないわけだからね。

役所には、ちゃんと教え子が大勢いるんだから、もっと信じたっていいじゃないですか。だいたい、法学部出身者が握《にぎ》っているんだから、「先生が治ったのなら認めましょう」と、ポンと（判子を）押《お》せばいい。あの情けなさは、やはり許せないですよね。

あっ！　ああ、そうか。やはりデータか。そうか。うーん。政治も科学的には行かないねえ。確かに行かないな。うん、うん。

民主党の政権交代に期待をかけていた東大教授陣《じん》

立木　まあ、丸山ワクチンの話はさておき、菅さんについて……。

篠原一守護霊　菅ねえ。君らは、そうとうやっていたねえ。「菅、菅、菅！　菅はあかん！」と言って。

立木　ええ。まあ、菅さんは、首相のときも、「熟議の国会」などと言って、篠原先生の学説のコンセプトを、自分に都合《つごう》よく使っていたように思うのです。

篠原一守護霊　いや、彼は、三回も落選してから当選した人なんだから、君らも、親近感を感じないか？　彼も、本当に「何も無し」なのよ。ジバン、カンバン、カバン、何も無しで、市民運動をして上がってきた人だから、そのへんは偉《えら》いと思うんだよ。

一生懸命《いっしょうけんめい》に「草の根運動」をして、有名になり、だんだん上がってきたのは偉いし、それは、見習うべきところではあったけど、やはり、個人としての限界はあったわな。東工大の出身で、本来、政治の本筋ではなかった。

でも、彼は言うことをきいてくれたからなあ。よくきいてくれたから、それはありがたいじゃない？　私の教え子は、言ってもなかなかきかないもの。きいて動いてくれる政治家は、ありがたいものだよ。与党《よとう》がきいてくれない場合、野党がきいてくれるのは、ありがたいのでねえ。

まあ、そういうことではあったけど、「菅に利用されたかどうか」というところには、ちょっと問題があるね。

だけど、今、東大に残っている教授陣《じん》、准《じゅん》教授陣あたりも、民主党の政権交代というか、民主党政変が起きたときに、おそらく、実験として面白《おもしろ》がっていたのは間違《まちが》いない。彼らは、政治実験をして、どうなるかを見たかったので、精神的には応援《おうえん》をしていたんじゃないか。たぶん、心理的にはマスコミと一緒《いっしょ》だったのではないかと思うんだよね。

だから、今、みんな、口をつぐんで苦しい状態にあるんじゃないかな。

ただ、「安倍《あべ》政権の『行きすぎ』を止めなくてはいけない」というところで、踏《ふ》ん張っているような感じには見える。「憲法改正をして、軍国主義が復活化していくような感じであれば、理論的に歯止めをかけないといかんのではないか」という情熱が、法律学系と政治学系の両方で燃え上がってはいるけども、なんか、「決め手がない」というところかな。

「戦争を肯定《こうてい》する政治学」が眠《ねむ》っている日本

立木　ただ、私どもとしては、安倍政権でも十分ではなくて……。

篠原一守護霊　あれで弱い？

立木　ええ。「もう間に合わないのではないか」と危惧《きぐ》しています。

篠原一守護霊　なるほどね。

立木　今は、経済を中心に、いろいろと打ち上げて、何とか参院選を乗り切ろうとしていますし、そうしたことも理解できなくはないのですけれども、それで本当に、中国、あるいは、北朝鮮《きたちょうせん》の問題に対して間に合うのでしょうか。やはり、防衛力の増強は、一朝一夕《いっちょういっせき》にはできませんので、早めに着手すべきですし、そのためにも憲法改正を……。

篠原一守護霊　まあ、「安倍さんで、憲法改正まで行けるかどうか」だわね。彼も人生をかけているし、歴史に名前が遺《のこ》るかどうかが、かかっているだろう。そこに、今、君らもかかわっている状況《じょうきょう》だ。

私は、「安倍さんのしていることが全部間違っている」と言っているわけではないよ。

例えば、北朝鮮に拉致《らち》された人たちを取り返そうとする運動などは、右翼《うよく》も左翼もなく、やってやらなければ、残された家族たちは、たまらない。「国が動いてくれない」という情けなさは、どうしようもないし、その情けなさを突き詰《つ》めていけば、「自衛隊のふがいなさ」にまでつながってくる。自衛隊がしっかりしていれば、そんなバカなことは、向こうもできないよね。だから、そのへんまで来るし、「自衛隊のふがいなさ」を言えば、やはり憲法そのものの問題にまで行き着く。それについては、ある程度、理解できるんだよ。

ただ、これを改正してしまった場合、あとから来るものがいったいどういうものなのか。ここは、みんな、疑念を拭《ぬぐ》い去れない部分だよね。あとから、どんな人が、どんな政治をするかの予測がつかない。

そんなにバカではないことを信じたいが、なまじ、戦力を持ち、国防軍を持ったときに、中国と事を構えるところまで行くのかどうかだ。ここのところについては、政治学者たちも、非常に曖昧《あいまい》な言い方しかしていない。「保身に走っている」と言えば、そのとおりだよな。

これは、「政治参加」の話だけでは、とてもではないけど解明できなくて、近代政治学の父のマキャベリまで戻《もど》らなくてはいけないと思うんだ。もっと古典的な政治の「マキャベリズム」から来るところの戦争論にまで戻って、国際政治を考えなければいかんだろうね。

戦後、ここに空白ができちゃったんだよ。ある意味で、七十年の空白ができてしまったので、これをもう一回構築しないといけない。戦争を肯定《こうてい》する政治学が、日本のなかでは育っていないんだよ。というか、死んでいる。いや、眠《ねむ》っている状態なんだ。

まあ、アメリカ留学をして、アメリカ型のものを、そのまま勉強してきた人はいるけど、日本でそれを実行できるわけではないのでね。たぶん、「錦《にしき》の御旗《みはた》」的には、「アメリカと共同で」か、「国連のお墨付《すみつ》きをもらって」か、「このどちらかを最低要件として満たさないと動けない」というあたりのところへ来ると思うんだよ。

自民党憲法改正案の「天皇元首制」の問題点

立木　ただ、日本の政治家としても、「国として、しっかり防衛をしていく」とか、「善悪や正義を自分たちなりに追求して、結論を出し、それに則《のっと》って実行していく」とか、そういうことが必要ではないでしょうか。

今は、戦前と違って、国民主権であり、国民のコントロールが利《き》くわけです。戦後の空白もあるかもしれませんけれども、戦前の経験も踏まえつつ、やはり一つ駒《こま》を進めて、自分たちの責任において、政治家を選び、軍備も管理していくことが必要だと思うのです。

篠原一守護霊　うーん、もう年を取って、責任が取れないので、十分なことが言えなくて申し訳ない。現役《げんえき》時代なら、もっと責任を持った意見を言いたいところなんだけども……。

ただ、君らは、今、天皇制が不安定になっているところにも、揺《ゆ》さぶりをかけているように見えるからさ。マスコミは、皇太子の退位をめぐって……。

綾織　（苦笑）いえ、私たちは揺さぶりをかけているわけではありません。

篠原一守護霊　いや、そこに君らが入り込もうとしているように見えなくもないよね。

綾織　いえいえ。そんなことはないです。

立木　揺さぶっているのではなく、揺さぶられているのを見て、私たちなりに、「しっかり支えたい」と考えているのです。

綾織　もちろん、「皇室には、もっと宗教的な役割を果たしてほしい」という気持ちはありますけれども……。

篠原一守護霊　だって、〝高天原《たかまがはら》のテレビ会議〟（霊言《れいげん》の収録）は、君たちしか観《み》ていないでしょう？　天皇家は、もうグラグラしていると思うよ。本当にグラグラしていて、これは、マスコミが揺さぶっているだけではない。ある意味では、あなたがたが揺さぶっているよ。

舟《ふね》の向こう側が揺れているように見えるかもしれないけど、舟のこちら側も同じように上がったり下がったりしているんだ。こちらでトントン跳《は》ねるやつがいるから、向こうも上がったり下がったりしているんだと思う。

実は、隠《かく》れシンパとして、ナマズのように深ーく潜《もぐ》って、次の政治体制について考えているやつらがいると思うんだよ。君らの深謀遠慮《しんぼうえんりょ》が、本当はどのへんにあるかを、ジーッと考えている人たちは、いると思うんだ。

「君らは、国体を本当に変えてしまう気でいるのではないか」という……。

綾織　いえいえ。私たちには、裏もありませんし、そのまま正直に言っています。

篠原一守護霊　そうかねえ。

でも、どうですか。新たに憲法改正までして、象徴《しょうちょう》制の天皇を元首制にしてお仕えしようとしているけど、今の天皇制に関しては、ある意味で、それだけの宗教的根拠《こんきょ》がないんだよ。戦前のような根拠があればいけるけど、戦後は断《た》ち切れているからね。

それに、国民平等のなかでは、たぶん、国民主権は変えられないと思うんだよね。憲法改正をしても、国民主権は変えられない。

また、「国民主権のなかで、象徴天皇制を維持《いじ》しつつ、天皇を元首にする」とか、「皇室や天皇を、国民とは別にして、『平等の原則』の例外とする」とかいう場合、「その根拠をどこに求めるか」という哲学《てつがく》的な問題が絶対に残るのよ。

「幸福実現党の憲法改正案」への質問

立木　それについては、皇室が政治とかかわっているがゆえに、不安定でもあり、また、「根拠不明」という厳しい状態にあるわけです。

また、自民党案としては、天皇を元首にしたいのでしょうけれども、私どもは、そうではありません。むしろ、政治とのかかわりを極小化《きょくしょう》していただくとともに、宗教的・文化的存在に特化していただくことが大事であると考えています。

篠原一守護霊　それは、先ほどの話に戻るけど、「政治学科を文学部に置くか、法学部に置くか」みたいな問題だよ。あなたは、「皇室を〝文学部〟のほうに移せ」と言っているような感じだ。

立木　そのような理解もありえますね。

篠原一守護霊　早い話が、「〝文学部〟のほうへ置けばよろしいです。文化的伝統としてだったら問題なくいられるでしょう」ということだ。

立木　そのほうが、政治責任も及《およ》びませんし、万が一、戦争になっても、戦争責任を問われることはなくなります。

篠原一守護霊　まあ、〝文学部〟には権力がないが、〝法学部〟には権力が出るんだよな？　そういうことだよな？

立木　ええ。

篠原一守護霊　「〝法学部〟で政治をやるのなら権力が発生する」ということだろうけど、ここのところが問題だ。その〝法学部〟の権力を持った部分が抜《ぬ》けて、空白ができるよね？　ここを、どこが埋《う》めるんだい？

立木　そこは、国民が選んだ大統領が政治を行うわけです。

篠原一守護霊　ふーん。なるほど。国民が選んだ大統領がやるわけね。ところで、君たちは、日本国中を信者にしようと思っているんだろう？

立木　宗教的理想としては、そうです。

篠原一守護霊　（笑）でも、日本国中を信者にしようとする場合、「国民が選ぶ」ということは、どういうことかねえ。うん？

立木　それは、宗教で伝道するのであって、権力を使って強制するわけではありません。まったく別の話です。

綾織　むしろ、さまざまな宗教が、発展・繁栄《はんえい》できると思います。

篠原一守護霊　もしかしたら、君たちの言う「信教の自由」にも、「発展の段階説」があるんじゃないか？

立木　「信教の自由」は、しっかりと確保して守っていきます。

篠原一守護霊　発展段階があって、第一段階は、政党ができるまでの「信教の自由」。第二段階は、第一党になった場合の「信教の自由」。最後は、完全支配したときの「信教の自由」。こういうふうに、段階が違うんだよ。

綾織　いえいえ。大川隆法総裁の憲法試案で明らかにしていることがすべてです（『新・日本国憲法 試案』〔幸福の科学出版刊〕参照）。「信教の自由」を、どこまでも大切にしていきます。

皇室が揺《ゆ》れている「もう一つの理由」とは

篠原一守護霊　まあ、基本的に、ヒトラーや秦《しん》の始皇帝《しこうてい》型の人ではないから、大丈夫だとは思うけどね。「大川総裁は、そういう人ではない」と思うから、僕《ぼく》は、大丈夫だとは思うけども、誤解する人が一部いるしね。

綾織　はい。

篠原一守護霊　右翼のなかからは、嫉妬《しっと》も出てくるんじゃないかなあ。彼らからすれば、自分たち以上に自己実現を目指しているように見えるかもしれない。そういう嫉妬もちょっと感じるわな。

でも、実際に皇室は揺《ゆ》れているよ。今の「跡継《あとつ》ぎをめぐっての揺れ」は、君たちの、この〝高天原〟と関係があるような気がしてしょうがないんだよね。

綾織　そうですか。

篠原一守護霊　やはり、関係があるんじゃないかな。本当なら皇室が高天原からの通信を受けなくてはいけない。システム的には、そうなんだよ。

綾織　確かにそうですね。

篠原一守護霊　高天原からの〝通信〟が、皇室に降りなくてはいけないんだ。皇室は、それに気がついていないのかもしれないけど、本来の機能は、そうなんだよ。

そうであれば、（幸福の科学への）〝通信〟を途絶《とぜつ》してしまうことが大事であって、〝通信〟が降りないのであれば、王権神授説的な皇室が残れる。しかし、皇室以外のところに〝通信〟が降りた場合、〝南北朝時代〟が始まる可能性のあることを意味している。これは、日本の歴史でも、過去に経験があるんですよ。

立木　ええ。ただ、私どもは、世界宗教を目指しておりますので、単に一国だけでとどまるものではありません。したがって、「取って代わる」というような話ではないのです。

篠原一守護霊　君、世界宗教まで言うと、ヒトラーを完璧《かんぺき》に超《こ》えてしまうからね。そこまで行って、全世界の信者に投票させたら、大変なことになる。

綾織　いや。ヒトラーのような存在が出てこない世界を目指しているのです。

立木　ええ。今、世界は、宗教対立で大変な状況になっているわけですから……。

「国連を潰《つぶ》して新しい世界機構をつくるべきだ」との提案

篠原一守護霊　君たち、次の目標は、国連を潰《つぶ》すことじゃないの？

立木　いや、「潰すかどうか」ということではありません。

篠原一守護霊　だって、世界中を信者にするというのは、そういうことだよ。

綾織　国連が機能していないのであれば、何らかの……。

篠原一守護霊　まあ、機能していない可能性はあるわね。これへの批判を狙《ねら》っているのを、僕は感じているよ。国連は戦勝国の集まりだからね。

綾織　まあ、そういう意味での批判は……。

篠原一守護霊　これを批判しているでしょう？　だから、信者が増えたら潰す気だろう？

立木 「潰す」とは言いませんけれども、適正化して……。

篠原一守護霊 いや、当然、潰すべきだよ。君ねえ、理論的には潰さなくてはいけないよ。海外の信者が過半数になってきたら、当然、国連を潰さなくてはいけない。そして、新しい世界機構をつくるべきだよね。

立木 ええ。

篠原一守護霊 理論的には、そうじゃないの？ 社会科学的には、そうじゃないか？ そうやらないといけないんじゃない？

立木　まあ、新しいかたちにするにしても、元の国連をベースにすることも含《ふく》めて、いろいろなやり方があるとは思います。

篠原一守護霊　あの戦勝国体制には、はっきり言って、そろそろ腹が立っているんだろう？

立木　確かに、変えていかなくてはいけない部分はあるかと思っています。

篠原一守護霊　そうだねえ。まあ、「そこまで君らに使命があれば」の話だけどね。

「政治に新しい風を吹《ふ》き込《こ》む」幸福実現党への期待

篠原一守護霊　ただ、政治を面白くしようとしている感じは受けるから、それ自体は、いいんじゃないかな。政治に新しい風を吹《ふ》き込《こ》もうとしている。

政治と宗教を分けてやったものの、現実の国体と合わないわけだ。実際、日本では、政治と宗教は、明確に分離《ぶんり》したものではなかったし、これは占領《せんりょう》軍に強制されたものだね。しかも、アメリカの政教分離にしたって、本当の意味で分離はしていない。やはり、神様を信じる国家として存在しているし、イギリスだって一緒だわね。

そういう意味で、宗教を信じている民主主義国は、たくさんある。宗教を信じる民主主義国と、宗教を信じない民主主義国とがあって、宗教を信じない民主主義国が、いわゆる、共産主義系の国家だね。そして、「こちらのほうは嫌《きら》いだ」

と、はっきり言っているわけだ。

まあ、君たちが発信しているものが、どのような風を吹かせて、何が起きるか。政治では、けっこう、いろいろなイレギュラリティ（不規則なこと）が起きてくるから、革命にしても、思わぬほうに運動や、うねりが変わっていく。「攘夷《じょうい》運動をしていたのに、それが開国に変わる」というようなことが数多く起きるからね。

今後、いったい何が、君たちを待ち受けているかは分からないけども、新しい政治原理をつくって、日本から世界に発信しようとしている志は感じている。

立木　ありがとうございます。

篠原一守護霊　それから、もうちょっと年が若かったら、幸福の科学大学に行ってやるんだが、惜《お》しいことをした。

綾織　まだまだ頑張《がんば》ってください。可能性はあると思います。

篠原一守護霊　八十七歳《さい》は雇《やと》わないほうがいいよ。それは、やめたほうがいい。

立木　地上のご本人から、応援メッセージを出していただくだけでも結構です。

篠原一守護霊　八十七は無理だわ。六十七ぐらいだったら行ってもいいが、八十七は、もう駄目だよ、君ぃ。籠《かご》に乗せて運ばなきゃいけないもの。これは駄目だよ。うーん。

6 「教え子」の活躍《かつやく》に思うこと

「政治学者としての情勢分析《ぶんせき》」の難しさ

綾織　最後に、少しお伺《うかが》いしたいのですが、この世にいる篠原先生ご本人は、お亡《な》くなりになったら、どういう世界に還《かえ》りそうでしょうか。

篠原一守護霊　それは、〝大川隆法を育てた功徳《くどく》〟により、もうピカピカじゃないですか。

綾織　そうですね。育てた部分もあれば、「反面教師」になったようなところもあり……。

篠原一守護霊　「反面教師」って言っても、それは、彼のポーズだよ。

綾織　そうなのですか（笑）。

篠原一守護霊　「反面教師」じゃなくて、それは、自慢《じまん》しているだけだよ。

綾織　そうなのでしょうか。

篠原一守護霊　自慢しているんだよ。それは、自慢しているんだよ。全然、「反面教師」じゃないよ。

綾織　一方、言論として、左側の政治家やマスコミに影響《えいきょう》を与《あた》えた部分の結果責任のようなところが、若干《じゃっかん》、あるのではないかという気もするのですが、いかがでしょうか。

篠原一守護霊　うーん、まあ、でも、私に朝日を動かすほどの力があったわけではないから、どちらかといえば、「利用されたほう」ではある。

綾織　はい。

篠原一守護霊　権威《けんい》として利用されたほうだろう。

ただ、先ほどから、いろいろな時代について何度も言っているが、そういう

「時代性」というものもある。戦後の敗戦期の貧しい時代。それから、公害闘争《とうそう》があった時代。「金権政治」や「派閥《はばつ》政治」等で、政治にいろいろと問題があった時代。さらに、米ソが冷戦をしていた時代があって、まだまだ中国の力が弱かったころに、（日本が）中国との国交回復をした時代。このように、時代がどんどんどんどん変転してきている。だから、そのつど、政治学者としての情勢分析《ぶんせき》は変わらなきゃいけなかっただろうと思うね。

他の宗教家が「大川隆法のまね」をできない理由

篠原一守護霊　いやあ、でも、やはり、教え子が活躍《かつやく》しているということは、教師としてはうれしいことだよ。

君たちは、いちおう宗教をやっているつもりであろうけれども、君たちが発信しているものは、ほかの宗教とは全然違《ちが》う。だから、ほかの宗教がまねをしたくてもできないでしょう?

綾織　はい。そうですね。

篠原一守護霊　たぶん、宗教学者も、「なんで、この見解がこう出てくるのか」ということを分析できなくて、みんな困っている。さらに、政治学者にも、ちょっと立ち入ってはならない部分があるね。

綾織　はい。

篠原一守護霊　ほかの宗教から見ると、「これはいったい何なんだ?」と分からない部分がある。この世の部分に、ものすごく鋭《するど》く斬《き》り込《こ》んできているじゃない?

これは、大川隆法さんが、実定法はもちろん、国際政治や国際経済等にも非常に明るいことが原因であろうと思う。たぶん、ここが、他の宗教家には全然経験できていない世界なんだろうね。

しかも、「実は、その世界で超一流《ちょういちりゅう》だった」ということだよね。「元の世界で超一流だった人が、宗教家に転じている」というところがミソで、これが「分からない理由」である。まねをしたってできないのは、たぶん、そこのところだと思うんだよね。

だから、才能があるんだよ。幾《いく》つか才能を持っていらっしゃるわけだ。

宗教学者であきらめている人のなかには、「いやあ、最初からやりたかったところに、最後、戻《もど》ってきたんでしょう?」みたいに言っている人もいるけど、それは甘《あま》い。「判断としては甘いだろう」と思いますね。

〝一流政治学者〟がつくった幸福実現党は面白《おもしろ》くなるはず

篠原一守護霊　大川隆法さんには、たぶん、才能として幾つかあったんだと思う。そして、その才能は、一つの分野でとどまることができなかったんだろう。だから、俺《おれ》は言ったじゃないの？　君たちのところの本にも書いてあるように、（就職先として）「日銀に行け」って言ったのにさあ（前掲《ぜんけい》『朝日新聞はまだ反日か』参照）。

立木　それで納まる方ではないですよね。

篠原一守護霊　まあ、無理だろうね。日銀をあれだけ批判しているのを見れば、バカの集団に見えていた……、いや、これは言葉が……、ああ、「〝お公家《くげ》集団〟

に見えていた」ということだろうね。

だから、そういう人じゃなかったんだろうな。お公家ではなかったし、公務員も嫌《きら》いであって、何か、自分でやりたかったんだろう。

まあ、私にとっては、「突如《とつじょ》、現れて大騒《おおさわ》ぎを起こし、突如、竜巻《たつまき》のようにどこかへ消えていった人」ではある。その後については、大学に残った人から、いろいろと風の便りに聞いていたけど、九〇年代ぐらいから、かなりうるさくなってき始めて、私もずいぶん心配はしていたんだよ。

立木　ありがとうございます。

篠原一守護霊　オウムのことなんかも、あったりしたしな。いろいろ心配もしたんだけど……。

いやあ、政治学者としても、たぶん一流だよ。やったら、たぶん、一流だと思う。それが政党のほうに生きているなら、きっと、政党も面白《おもしろ》いものができてくると思うよ。

7　篠原一教授の「過去世《かこぜ》」

時の為政者《いせいしゃ》の政治顧問《こもん》として生きた学者

綾織　政治学においては、一時期、大川総裁と師弟《してい》というかたちになったわけですが、もしかしたら、過去世《かこぜ》においても、ご縁《えん》があるのでしょうか。

篠原一守護霊　あ、そっちのほうで来るかあ。まあ、社会科学系としては、ちょっと、そういうのは……（笑）。

綾織　守護霊であるあなたは、今、あの世にいらっしゃるのでは？

篠原一守護霊　ああ……。あれなんだ……。

立木　先ほど、「信仰心《しんこうしん》がないわけではない」とおっしゃっていましたが、いったい、どのような信仰をお持ちなのでしょうか。

篠原一守護霊　まあ、学者だよ。うん。過去も学者ということだね。

昔の学者というものをどのように言っていいか分からないけれども、古典を勉強した者として、「政《まつりごと》をする際のあるべき姿」を、幕府などに対し、政治顧問《こもん》的に教えるような、まあ、そうした学者だ。

綾織　それでは、儒学《じゅがく》系統の方ですか。

篠原一守護霊　うーん、まあ、儒学もあったかなあ。儒学もあったかもしれないけど、まあ、そのような立場かな。

だから、トップに立って大将をやったり武将をやったりするようなタイプでないのは当然だけど、学者系であったことは事実だ。今回は、もちろん、国際政治が中心であったぐらいですから、意外に、いろいろな国に転生《てんしょう》をしたことがあると思われる。

「フランス革命」に学問的に影響《えいきょう》を与《あた》えた者の一人

立木　どなたか歴史上に名前の遺《のこ》っている方はいらっしゃいますか。

篠原一守護霊　それは厳しいねえ。嘘《うそ》をついてはいけないんだろ？

立木　はい。

篠原一守護霊　箔《はく》を付けたくても、ここでは、「嘘をついてはいけない」ということになっているから、それは、ちょっと難しいんだけど……。記憶《きおく》に残るところとしては、どのあたりが印象深いかなあ、うーん……。最近のものとしては、やはり、近代政治の始まるあたりのところが印象的かな。そうだねえ。だから、近代国家ができてくるまでの成立過程には、かかわりがあったかもしれないね。

立木　哲学者《てつがくしゃ》や学者というかたちで出られたのですか。

篠原一守護霊　君らが超《ちょう》一流と思うほどの人は、やはり、数が少ないからね。今の時代に名前が遺っている者というのは数が少ないので、そこまでは行かないかもしれないけれども、そうだね、うーん……。まあ、「フランス革命に影響《えいきょう》を与《あた》えた者」の一人かな。

立木　フランス人だったわけでしょうか。

篠原一守護霊　「学問的に影響を与えた」という意味だけどね。

立木　そうですか。

篠原一守護霊　必ずしもフランス人とは言わないけれども、「学問的な影響を与えた」ということはあるな。

立木　啓蒙《けいもう》思想家として、何人か有名な方が出ていますが、その流れのなかの人物ですか。

篠原一守護霊　うーん、まあ、そうかもしれないけど、君らは、超有名な人以外のことを認めないでしょ？

立木　いやいや、そんなことはありません。

篠原一守護霊　だから、日本人に、「立木秀学《しゅうがく》前党首を知っていますか」というアンケートをとって、どのくらい「知っています」と答えてくるか。それと同じぐらいの知名度ですので。

立木　いやいやいや（苦笑）（会場笑）。

篠原一守護霊　ええ、そんなものです。だから、「大したことではあるが、大したこともない」というところで影響を与えたわけですね。まあ、「フランス革命に影響を与えた」というものが一つです。

中国唐代《とうだい》の「貞観《じょうがん》の治《ち》」や、鎌倉《かまくら》時代の北条執権《ほうじょうしっけん》にも協力した

篠原一守護霊　それから、中国の統治にも、多少、かかわりがあったことはございます。

立木　時代的にはいつごろでしょうか。

篠原一守護霊　うーん……、貞観《じょうがん》の治《ち》のころかな。

綾織　皇帝《こうてい》にアドバイスをされていた方ですか。

篠原一守護霊　うーん、まあ、そういうのかな。

綾織　魏徴《ぎちょう》とか、何かそういう……。

篠原一守護霊　そんな偉《えら》い人ではないと考えてくださいよ。

綾織　そうなのですか。

篠原一守護霊　だから、立木さんが転生したようなものだと思っていてください よ。

綾織　（笑）立木さんの過去世は立派な方ですから（『公開霊言《れいげん》 天才軍略家・源《みなもとの》義経《よしつね》なら現代日本の政治をどう見るか』〔幸福実現党刊〕参照）。

篠原一守護霊　ああそう（笑）。そうなんですか。そんなに偉い方だったんですか。すみませんでした。それは、よく知らなかったなあ。

まあ、歴史には、たくさんの人間がいて、きら星のように光っている人の数は少ないからね。私は、謙虚《けんきょ》に、そんな大きな名前は出さないけれども。

あとは、もっと昔に、日本にも、ちょっと出たことがある。鎌倉《かまくら》時代に出て、北条執権《ほうじょうしっけん》に少し協力したことがある。

綾織　お坊《ぼう》さんですか。

篠原一守護霊　うーん。まあ、政治の〝教学〟面で、ちょっと協力したことはあります。まあ、みんな、大学入試のセンター試験の問題に出ないレベルだと思うので、大したことはありません。

もっと昔に遡《さかのぼ》れば、外せないところとしては、やはり、ギリシャ・ローマ系まで行きますけども。東大教授なんてのは、学生の数ぐらいいるんですよ。もう、掃《は》いて捨てるほどいるので、そんなに偉いものではないんです。はっきり言えば、寺子屋《てらこや》の塾長《じゅくちょう》ぐらいのものなんですよ。

ゼミ時代に「天才だ」という噂《うわさ》が広がったことは事実

綾織　今日、お話をお伺《うかが》いして、「大川隆法総裁にも、よい意味での影響を与えていらっしゃった」ということが、よく分かりました。

篠原一守護霊　いや、彼は、全然、私の言うことをきいていなかったですから、何も影響がないと思います。

綾織　ああ、そうですか。

篠原一守護霊　知識としては吸収していたと思いますが、私の見解なんか、まったく相手にもしていないというか、気にもしていなかった。

綾織　そうですか。

篠原一守護霊　お釈迦《しゃか》様のごとく、「唯我独尊《ゆいがどくそん》」〝唯我独走〟の世界だったと思いますね。

私がいなかったら、代わりに講義をやっていたんじゃないですか。

綾織　（笑）

篠原一守護霊　ゼミではそんな感じでしたよ。先輩《せんぱい》たちを抑《おさ》え込《こ》んでいましたからね。すごいですよ。もう先輩たちを完全に抑え込んでいましたね。

綾織　はい。

篠原一守護霊　ただ、一言《ひとこと》だけ付け加えておくけども、私のゼミにいたときに、「天才だ」という噂《うわさ》が広がっていたことは事実です。これは一言、言っておくよ。だから、大学に残った人のほうは天才でなくて、残らなかった人のほうが「天才だ」という噂が広がっていたことは事実です。これは言っておきたい。

綾織　今日は、秘話も含《ふく》め、さまざまにお話しいただき、本当にありがとうございます。

立木　貴重な証言を、本当にありがとうございました。

篠原一守護霊　はい。ありがとうございました。

8 「篠原一教授の守護霊霊言《れいげん》」を終えて

大川隆法 （手を一回打つ）なぜ、出てきたのでしょうか（笑）。この前の、「筑《ちく》紫《し》さんが応援《おうえん》に来た」というのを聞いて、少し影響《えいきょう》を受けたのでしょうか（前掲《ぜんけい》『筑紫哲也《てつや》の大回心《だいかいしん》』参照）。でも、やはり、佐藤誠三郎《さとうせいざぶろう》さんの霊言《れいげん》が出て、影響を受けたのかもしれません（前掲『スピリチュアル政治学要論』参照）。

立木 それも刺激《しげき》の材料かと思います。

大川隆法 確かに、私は、あのとき、前置きのなかで少しだけ篠原教授について言及《げんきゅう》しています。

学生時代、法学部研究室では、篠原教授の代わりに、助教授を紹介《しょうかい》してもらいました。まず、ワンクッション置かれているのです。

私は、論文を提出したときに、篠原教授と会っていますが、そのあと、「どのような勉強をすればよいか」と訊《き》いたところ、法学政治学研究科の高橋進《たかはしすすむ》助教授を紹介されました。

そのとき、私は、高橋助教授に手ぶらで会いに行ったんですよ。ただ、世間《せけん》の慣習をよく知っていそうな、東京育ちの友達に、「先生に会いに行くときには、何をしたらよいのだ?」と訊いたところ、「渋谷《しぶや》に、『西村《にしむら》』というフルーツパーラーがある。あそこのフルーツなら間違《まちが》いないから、あれを一籠《ひとかご》、買っていけ」と言われたので、その店で買ったフルーツだけは持っていきました。それ以外には、鉛筆《えんぴつ》も万年筆もボールペンも、メモもノートも、何も持っていかなかったのです。

高橋助教授は、机の上にたくさんの参考書を置いて、「こんなものを読みなさい」と説明を始めたのですが、途中《とちゅう》、「君、メモもノートも何も取らないのかい？」と言われました。向こうは、もう〝何百冊〟も挙げているのに、私は、「ふーん。そうですか。そうですか」と（会場笑）、ただただ聞いている状態だったのです。「これを聞いて、君は覚えられるのかい？」と訊かれたので、「いや、覚えられないかもしれませんね」などと、他人事《ひとごと》のように返事をしてしまいました。

すると、助教授がメモとボールペンを出してきて、「ここに、ちゃんとメモを取りなさい。書いていきなさいよ」と私に言ったのです（会場笑）。

今でも、私は、あまりメモを取りません。聞いて覚えて、忘れたものはあきらめる主義なのです。私のような学生はあまりいないと思います。普通《ふつう》、メモぐらいは持っていくものなのでしょうね。

そのように、「『どんな勉強をしたらよいか』を訊きに行って、メモを何も取らず、果物《くだもの》だけは忘れずに置いてきた」ということがあったのです。おそらく、そのあと、高橋助教授が佐藤誠三郎教授と二人で果物を食べたのは間違いないでしょう（笑）（会場笑）。

まあ、篠原さんは、私のことを、その後も、若干《じゃっかん》、気にして、心配していたのでしょう。ご健康でいらっしゃるのなら、何よりです。

「今は、丸山《まるやま》ワクチンを使わなくても、幸福の科学でガンが治る可能性がある」ということを、一言《ひとこと》、申し添《そ》えて、終わりにしましょうか。

立木・綾織　ありがとうございました。

大川隆法　はい。

あとがき

とにかく今、「幸福実現党」という新しい政党を旗揚げすべくねばっている。宗教家と分類はされているが、若《わか》き日から「諸学問の統合」を目指していた私にとっては、自分なりの「大川政治学」を打ち樹《た》てることも一つの目標だと思っている。

「幸福実現党」は、自民党の先にある、「未来型政権政党」である。真実の正論によるユートピア政治を実現してみたい。今は「孔子の政治学」のように実際性が足りないと思われて、机上の空論と見ている人も多かろうが、「私の言葉の上に未来は築かれる」と信じている。

東大史上初の新宗教の開祖が、東大政治学を超える「超政治学」をも切り拓こうとしている。そういえば、社会学の開祖のように言われるオーギュスト・コントも、新宗教を創ろうとしていた。幸福な未来社会を開きたい点では、皆同じなのかもしれない。

二〇一三年　六月二十六日

幸福実現党総裁《こうふくじつげんとうそうさい》　大川隆法《おおかわりゅうほう》

『篠原一東大名誉教授「市民の政治学」その後』大川隆法著作関連書籍

『太陽の法』（幸福の科学出版刊）
『政治の理想について』（同右）
『新・日本国憲法 試案』（同右）
『従軍慰安婦問題と南京大虐殺は本当か？』（同右）
『スピリチュアル政治学要論』（同右）
『朝日新聞はまだ反日か』（同右）
『日米安保クライシス――丸山眞男 vs. 岸信介――』（同右）
『この国を守り抜け』（幸福実現党刊）
『憲法改正への異次元発想』（同右）
『筑紫哲也の大回心』（同右）

『大平正芳の大復活』（同右）
『公開霊言 天才軍略家・源義経なら現代日本の政治をどう見るか』（同右）

篠原一《しのはらはじめ》東大《とうだい》名誉《めいよ》教授《きょうじゅ》「市民《しみん》の政治学《せいじがく》」その後《ご》

――幸福実現党の時代は来るか――

2013年7月3日　初版第1刷

著　者　　大《おお》川《かわ》隆《りゅう》法《ほう》

発　行　　幸福実現党

〒107-0052 東京都港区赤坂2丁目10番8号

TEL(03)6441-0754

発　売　　幸福の科学出版株式会社

〒107-0052 東京都港区赤坂2丁目10番14号

TEL(03)5573-7700

http://www.irhpress.co.jp/

印刷・製本　株式会社 東京研文社

落丁・乱丁本はおとりかえいたします

ISBN978-4-86395-352-9 C0030

写真：三木光／アフロ

大川隆法 霊言シリーズ・正しい歴史認識を求めて

大平正芳の大復活

クリスチャン総理の緊急メッセージ

ポピュリズム化した安倍政権と自民党を一喝！ 時代のターニング・ポイントにある現代日本へ、戦後の大物政治家が天上界から珠玉のメッセージ。
【幸福実現党刊】

1,400円

原爆投下は人類への罪か？

公開霊言 トルーマン＆F・ルーズベルトの新証言

なぜ、終戦間際に、アメリカは日本に2度も原爆を落としたのか？「憲法改正」を語る上で避けては通れない難題に「公開霊言」が挑む。
【幸福実現党刊】

1,400円

公開霊言 東條英機、「大東亜戦争の真実」を語る

戦争責任、靖国参拝、憲法改正……。他国からの不当な内政干渉にモノ言えぬ日本。正しい歴史認識を求めて、東條英機が先の大戦の真相を語る。
【幸福実現党刊】

1,400円

※表示価格は本体価格（税別）です。

大川隆法霊言シリーズ・日本の自虐史観を正す

神に誓って「従軍慰安婦」は実在したか

いまこそ、「歴史認識」というウソの連鎖を断つ! 元従軍慰安婦を名乗る2人の守護霊インタビューを刊行! 慰安婦問題に隠された驚くべき陰謀とは⁉
【幸福実現党刊】

1,400円

本多勝一の守護霊インタビュー
朝日の「良心」か、それとも「独善」か

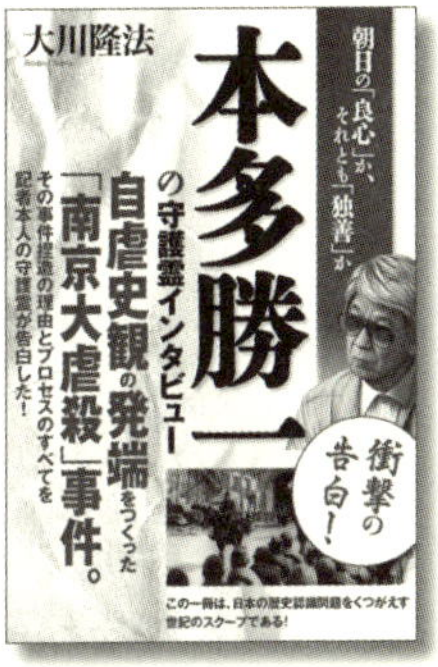

「南京事件」は創作!「従軍慰安婦」は演出! 歪められた歴史認識の問題の真相に迫る。自虐史観の発端をつくった本人(守護霊)が赤裸々に告白!
【幸福実現党刊】

1,400円

従軍慰安婦問題と南京大虐殺は本当か?
左翼の源流 vs. E.ケイシー・リーディング

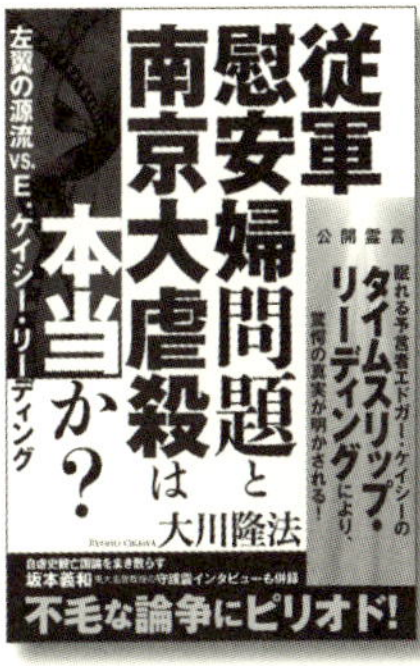

「従軍慰安婦問題」も「南京事件」も中国や韓国の捏造だった! 日本の自虐史観や反日主義の論拠が崩れる、驚愕の史実が明かされる。

1,400円

大川隆法 霊言シリーズ・**憲法九条改正・国防問題を考える**

中曽根康弘元総理・最後のご奉公

日本かくあるべし

「自主憲法制定」を党是としながら、選挙が近づくと弱腰になる自民党……。「自民党最高顧問」の目に映る、安倍政権の限界と、日本のあるべき姿とは。
【幸福実現党刊】

1,400円

スピリチュアル政治学要論

佐藤誠三郎・元東大政治学教授の霊界指南

憲法九条改正に議論の余地はない。生前、中曽根内閣のブレーンをつとめた佐藤元東大教授が、危機的状況にある現代日本政治にメッセージ。

1,400円

憲法改正への異次元発想

憲法学者NOW・芦部信喜 元東大教授の霊言

憲法九条改正、天皇制、政教分離、そして靖国問題……。参院選最大の争点「憲法改正」について、憲法学の権威が、天上界から現在の見解を語る。
【幸福実現党刊】

1,400円

※表示価格は本体価格(税別)です。

大川隆法 霊言シリーズ・北朝鮮情勢を読む

守護霊インタビュー 金正恩の本心直撃！

ミサイルの発射の時期から、日米中韓への軍事戦略、中国人民解放軍との関係――。北朝鮮指導者の狙いがついに明らかになる。
【幸福実現党刊】

1,400円

長谷川慶太郎の守護霊メッセージ
緊迫する北朝鮮情勢を読む

軍事評論家・長谷川氏の守護霊が、無謀な挑発を繰り返す金正恩の胸の内を探ると同時に、アメリカ・中国・韓国・日本の動きを予測する。

1,300円

北朝鮮の未来透視に挑戦する
エドガー・ケイシー リーディング

「第2次朝鮮戦争」勃発か!? 核保有国となった北朝鮮と、その挑発に乗った韓国が激突。地獄に堕ちた"建国の父"金日成の霊言も同時収録。

1,400円

※表示価格は本体価格（税別）です。

大川隆法ベストセラーズ・希望の未来を切り拓く

未来の法

新たなる地球世紀へ

暗い世相に負けるな! 悲観的な自己像に縛られるな! 心に眠る無限のパワーに目覚めよ! 人類の未来を拓く鍵は、一人ひとりの心のなかにある。

2,000円

Power to the Future

未来に力を

英語説法集
日本語訳付き

予断を許さない日本の国防危機。混迷を極める世界情勢の行方——。ワールド・ティーチャーが英語で語った、この国と世界の進むべき道とは。

1,400円

日本の誇りを取り戻す

国師・大川隆法　街頭演説集 2012

2012年、国論を変えた国師の獅子吼。外交危機、エネルギー問題、経済政策……。すべての打開策を示してきた街頭演説が、ついにDVDブック化!
【幸福実現党刊】

街頭演説
DVD付

2,000円

※表示価格は本体価格(税別)です。